本书获得
沈阳农业大学经济管理学院学术文库出版基金 资助

# 人民币汇率变动的出口价格传递效应研究

Studies on the Effects of RMB Exchange Rate Pass-through into Export Prices in China

吴东立 著

经济管理出版社
ECONOMY & MANAGEMENT PUBLISHING HOUSE

**图书在版编目（CIP）数据**

人民币汇率变动的出口价格传递效应研究/吴东立著．—北京：经济管理出版社，2017.5
ISBN 978-7-5096-4969-5

Ⅰ.①人… Ⅱ.①吴… Ⅲ.①人民币汇率—汇率波动—影响—出口贸易—价格变动—研究—中国 Ⅳ.①F752.62

中国版本图书馆 CIP 数据核字(2017)第 036126 号

组稿编辑：曹　靖
责任编辑：张巧梅
责任印制：黄章平
责任校对：超　凡

出版发行：经济管理出版社
（北京市海淀区北蜂窝 8 号中雅大厦 A 座 11 层　100038）
网　　址：www.E-mp.com.cn
电　　话：（010）51915602
印　　刷：北京玺诚印务有限公司
经　　销：新华书店
开　　本：720mm×1000mm/16
印　　张：11
字　　数：180 千字
版　　次：2017 年 6 月第 1 版　　2017 年 6 月第 1 次印刷
书　　号：ISBN 978-7-5096-4969-5
定　　价：68.00 元

# 前　言

汇率作为一国货币的对外价格，是一国进行对外经济活动时最重要的综合性价格指标。在开放经济条件下，汇率在对外贸易和其他对外经济活动时执行着价格转化职能，是一种重要的经济杠杆。2005 年 7 月 21 日，中国启动了新一轮的人民币汇率形成机制改革，实行以市场供求为基础，参考一篮子货币进行管理的浮动汇率制。2005 年 7 月至 2008 年 11 月，根据 BIS 公布的人民币名义有效汇率累计升值 19.71%，人民币实际有效汇率累计升值 25.06%，升值幅度明显。按照传统国际经济学分析框架，人民币如此大幅度地升值，必然会提高中国出口商品价格，降低进口商品价格，从而削弱中国出口商品竞争力，抑制出口，促进进口，这样有助于缓解中国外部经济长期失衡的“双顺差”局面。然而，事实恰恰相反。在人民币快速升值的同时，中国对外贸易规模不断扩张，出口规模和经常项目顺差持续攀升，并屡创历史新高。这些传统贸易收支理论所不能解释的现象需要从新的视角进行解读。本书从不完全汇率传递的角度对这一问题进行较为深入的研究。

第一，本书通过对经济现象的描述，提出 2005 年 7 月汇改以来“人民币升值背景下贸易顺差大幅上升之谜”这一问题，作为本书研究的背景和逻辑起点；第二，对汇率传递的相关理论和实证研究进行国内外文献梳理；第三，在此基础上从汇率—价格机制与贸易收支的关系出发，构建不完全汇率传递与贸易收支变动的理论分析框架；第四，在对 1978 年中国推行改革开放战略以来，人民币汇率变化、中国对外贸易和经济增长的变动情况进行动态描述的基础之上，揭示汇率变动与宏观经济联系的内在机理；第五，在对人民币汇率传递影响因素分析的基础之上，从中国独特的出口贸易方式和出口市场结构出发，构建了本书对人民币汇率传递决定的理论分析模型；第六，在成本加成理论模型分析框架基础上建立了人民币汇率传递的计量模型，并利用2003年1月至2008年11月的月度数据，将国外市场需求压力、国外市场竞争压力、国内企业出口成本、人民币名义有效汇率指数和出口价格指数这五个变量建立VAR模型，在对变量进行平稳性检验、协整检验和格兰杰因果关系检验的基础之上，对人民币汇率变动的出口价格传递弹性进行了估计；第七，提出了人民币低汇率传递的重要政策含义。

研究结果表明：汇率变动能否影响贸易收支以及在多大程度上影响贸易收支，关键取决于汇率传递。汇率传递（主要表现为不完全汇率传递）大小是分析汇率变动与实体经济联结的重要环节。中国出口市场结构和出口贸易方式是影响人民币汇率变动的出口商品价格传递弹性的重要因素。当出口市场结构越接近于完全竞争状态（也即厂商具有更小的边际成本加成比率）时，一个单位的本币升值导致的出口价格上升的幅度就越小；当国内出口商在国际市场上所占的份额越大时，一个单位的本币升值导致的出口价格上升的幅度就越大；当国内出口商以加工贸易方式出口所占的比例越大时，一个单位的本币升值导致的出口价格上升的幅度就越小。中国出口企业具有数量多、规模小而分散的特点，且多数缺乏核心技术和自主品牌。它们主要依靠劳动力成本的比较优势从事“贴牌”和“代工”等价值链低端环节的生产，且对国际市场依赖程度高，市场集中度低，普遍存在过度竞争和低价竞销，中国出口企业在国际市场上严重缺乏市场势力和议价能力。面对人民币汇率的不利变化，出口企业很难通过提高出口价格的方式转嫁出去，为了维持原来的市场份额，而只能不惜以牺牲利润来吸收本币升值带来的不利影响，人民币汇率变动的出口价格传递率很低。从实证分析结果来看，人民币名义有效汇率冲击对中国出口价格的影响虽然具有一定程度的统计显著性，但冲击程度很小，汇率传递是很不完全的和滞后的。1个百分点的人民币汇率正向冲击（即人民币升值）将导致出口价格逐步出现小幅缓慢上升态势，5个月后才上升了0.0054个百分点，两年后上升到最大值，为0.07个百分点，然后趋于平稳，并一直维持在这一水平上。

这种较低的汇率传递率不仅为“人民币升值背景下贸易顺差大幅上升之谜”提供了合理的解释，而且还对目前中国面临的若干重要宏观问题提供了新的政策含义：第一，人民币升值应当遵循小幅、渐进的原则，尽量避免短期内大幅升值；人民币升值应当在稳定通货膨胀或保持低通胀的经济环境下进行；短期内，人民币汇率应以保持稳定为宜。第二，要促进出口贸易从数量规模型向质量效益型方向发展，向“微笑曲线”的两端延伸，进入价值链的高端。第三，应当从出口驱动型经济增长方式向内需主导型增长方式转变，协调出口、投资与消费的平衡关系。第四，中国央行拥有制定和实施独立货币政策的空间和自由，可以考虑实行更加富有弹性的汇率制度。

# 目　　录

1　绪论 ………………………………………………………………… 1

1.1　问题的提出 ………………………………………………………… 1

1.2　研究思路和研究方法 ……………………………………………… 6

1.3　研究内容和结构安排 ……………………………………………… 9

1.4　创新与不足 ………………………………………………………… 10

2　汇率传递的文献回顾 …………………………………………………… 13

2.1　汇率传递的基本内涵 ……………………………………………… 13

2.2　汇率传递的理论研究：从宏观模型到微观基础 ………………… 18

2.3　汇率传递的实证研究：从估计结果到计量方法 ………………… 32

2.4　汇率传递的宏观经济效应研究 …………………………………… 36

2.5　本章小结 …………………………………………………………… 39

3　汇率—价格机制与贸易收支：理论演进与范式转换 ………………… 40

3.1　汇率变动与贸易收支：传统贸易收支调节理论 ………………… 40

3.2　汇率变动与贸易收支：开放经济宏观经济学分析范式 ………… 46

3.3　汇率变动与贸易收支：新开放经济宏观经济学分析范式 ……… 49

3.4　汇率—价格机制与贸易收支变动：汇率传递分析范式 ………… 52

3.5　本章小结 …………………………………………………………… 55

4 人民币汇率、对外贸易与经济增长：经验事实 …… 57

4.1 汇率、对外贸易与经济增长的一般关系 …… 57

4.2 人民币汇率变迁与中国对外贸易发展 …… 60

4.3 对外贸易与中国经济增长 …… 71

4.4 本章小结 …… 75

5 人民币汇率传递：影响因素分析与理论模型构建 …… 77

5.1 出口市场结构与人民币汇率传递 …… 77

5.2 出口商品结构与人民币汇率传递 …… 84

5.3 出口贸易方式与人民币汇率传递 …… 88

5.4 企业经营战略与人民币汇率传递 …… 90

5.5 通货膨胀环境与人民币汇率传递 …… 93

5.6 人民币汇率传递：一个扩展的古诺模型 …… 97

5.7 本章小结 …… 102

6 人民币汇率传递效应的实证研究 …… 104

6.1 模型构建 …… 105

6.2 变量选择与数据描述 …… 107

6.3 实证分析与估计结果 …… 110

6.4 本章小结 …… 119

7 人民币低汇率传递的政策含义 …… 122

7.1 低汇率传递与人民币升值策略选择 …… 122

7.2 低汇率传递与出口贸易战略调整 …… 127

7.3 低汇率传递与经济增长方式转变 …… 130

7.4 低汇率传递与最优货币政策选择 …… 132

附录 1 破解人民币升值背景下中国贸易顺差大幅上升之谜 …………………… 134

附录 2 人民币升值对中国大豆进口影响的实证研究 …………………………… 142

参考文献 ……………………………………………………………………………… 151

# 1 绪 论

## 1.1 问题的提出

汇率[①]作为一国货币是相对于另一国货币的价格。汇率的变动首先会引起相对价格的变动，进而通过支出转换效应（Expenditure Switching）对贸易收支和其他宏观经济变量等都有重要影响，因此，汇率是开放经济环境下的核心经济变量。长期以来，汇率问题也是开放经济宏观经济学研究的核心问题和热点问题之一。一般说来，对汇率问题的研究主要集中在两大方面：一是汇率是如何决定的？二是汇率变动的经济效应是怎样的？本书的研究属于后者的范畴，通过研究汇率变动对贸易商品出口价格的传递效应来揭示汇率—价格机制运行的内在关系，进而考察汇率变动与贸易收支和宏观经济的内在联系。

### 1.1.1 选题背景

20 世纪 70 年代布雷顿森林体系解体后，国际经济金融形势发生了剧烈变化，国际货币基金组织（IMF）为建立新的国际货币制度，于 1976 年达成了牙买加协定（Jamica Agreement），并于 1978 年生效。牙买加协定的主要内容包括实行

① 本书中所提到的汇率，若不特别说明，均是指名义汇率。

浮动汇率制度、推行黄金非货币化等。至此，在全球范围内固定汇率制逐渐被浮动汇率制所取代。浮动汇率制度的逐步确立使汇率的调整成为经济的常态。汇率的波动变得日益频繁，有时甚为剧烈。在经济逐步走向全球化的今天，任何一个国家都不可能独善其身，国际经济联系更加紧密，国际经济交往更加频繁。在开放经济条件下，汇率在各国经济发展中的地位和作用日益重要，汇率变动对经济的影响日益突出，汇率已作为一个内生变量进入宏观经济模型（如著名的蒙代尔—弗莱明模型），汇率调节已逐渐成为经济调节的重要内容。

在开放经济条件下，汇率作为重要的宏观经济变量，汇率的变动会通过直接或间接的方式作用于实体经济，并产生深刻的经济影响。这其中首先就是汇率的变动会导致进出口价格的变动，进而对整体经济的价格水平产生影响，从而产生支出转换效应，形成汇率的经济调节功能。按照传统国际经济学的分析框架，根据一价定律，购买力平价理论（Cassel，1922）认为，汇率等于国家之间的价格水平之比，因此汇率发生变动会导致国家之间的价格水平发生相应的变动，即汇率对价格传递是完全的和及时的。所以汇率具有弹性价格的调节功能，可以作为调节外部经济失衡的重要工具。Friedman（1953）曾以此来论述浮动汇率制度的优越性。然而，20 世纪 80 年代美元大幅度持续升值以及随后的贬值开创了一个重要的研究时代（Dornbusch，1987）。1985 年前后，美元分别经历了大幅度的升值和贬值，研究发现美国的进口价格并没有对此做出相应的反应，美国的巨额贸易逆差并没有因此而有所改善。后来许多学者大量的实证研究和经验分析都强有力地表明，对于大多数贸易商品和总体物价水平来说，汇率波动与价格水平之间存在弱的相关性，即存在不完全汇率传递（Incomplete Exchange Rate Pass - through）现象（Krugman，1987；Menon，1995；McCarthy，2000；Campa 和 Goldberg，2005 等）。20 世纪 80 年代以来，汇率传递问题逐渐成为国际经济学研究和关注的一个重要热点问题。

随着中国经济的不断成长和全球经济一体化进程的不断加快，中国对外经济联系和交往也越来越频繁、密切，人民币汇率逐渐成为人们经济和社会生活中关注的重要经济变量之一。中国现已成为全球第二贸易大国，2007 年对外贸易依存度高达70%以上。联合国贸发会发布的《2007年世界投资报告》显示，按全口径数据（含银行、保险、证券），2006年中国外国直接投资流入量为694.68亿美元，成为全球第四大外国直接投资接受国、全球发展中国家最大的外国直接投资目的地。同时，中国还是全球最大的外汇储备国，截至2007年底，外汇储备高达1.53万亿美元。2005年7月21日，中国又进行了新一轮的人民币汇率形成机制改革，中国人民银行宣布实行盯住一篮子货币的人民币汇率政策以来，人民币汇率机制更富弹性，汇率变动趋于增强，人民币汇率问题再次成为国内外广泛关注的焦点。

自2005年7月21日人民币汇率形成机制改革以来，人民币汇率正逐步步入一个升值周期。特别值得注意的是，在人民币升值过程中，中国经济出现了一些传统经济理论难以解释的现象。按照国际清算银行（BIS）公布的人民币名义有效汇率和实际有效汇率指数来看，2005年7月至2008年11月，根据贸易权重计算，参考一篮子货币计算的人民币名义有效汇率累计升值19.71%，人民币实际有效汇率累计升值25.06%，升值幅度明显，而人民币对美元汇率更是累计升值幅度超过20%。按照传统宏观经济模型，人民币如此大幅度地升值，必然会提高中国出口商品价格，从而削弱中国出口商品竞争力，抑制出口。然而，事实恰恰相反。在人民币快速升值的同时，中国对外贸易规模却不断增长，经常项目顺差持续攀升，屡创历史新高。2006年，中国对外贸易顺差比2005年增长了74%，2007年对外贸易顺差更是达到了2622亿美元的历史高位，较2006年的1774.7亿美元增长了47.7%，位居世界第一。2007年，中国一般贸易和加工贸易顺差分别达到1099.3亿美元和2492.7亿美元，而且美国仍然是中国贸易顺差的主要来源地，中国对美贸易顺差高达1633.2亿美元，约占贸易顺差总额的一半。国内有人称之为“人民币升值背景下贸易顺差大幅上升之谜”（李世新，2007）。历史似乎惊人的相似，1985年“广场协议”（Plaza Accord）签订①，日

① 1985年9月22日，G5集团（法国、西德、日本、美国、英国）代表在美国纽约市广场饭店（The Plaza Hotel）签署协议，计划采取政府干预货币市场的手段降低美元对日元与马克的比价。“广场协议”也因此得名。协议生效后的两年时间里，美元对日元的汇率贬值了51%。

元对美元汇率大幅度升值后，日本对美国的巨额贸易顺差不但没有得到有效消除，反而进一步扩大了。这也产生了所谓日元升值后日本对外贸易之“谜”（Export Puzzle）一说。

显然，这种情况与传统经济理论不相符，更与国际社会希望通过人民币升值减缓中国出口，纠正对外经济失衡的目的相悖，这便引发了一个值得研究的问题：为什么随着人民币升值，中国出口规模仍然持续攀升，贸易顺差快速增加呢？这种趋势仅仅只是一个短期现象，还是将会长期持续下去呢？作为一个发展中的大国，人民币汇率传递的速度与程度是怎样的？人民币汇率传递又是如何决定的？是否有其自身的特殊性？人民币汇率传递是否有助于解释“人民币升值背景下贸易顺差大幅上升之谜”？这些问题引发了笔者对人民币汇率传递效应问题的关注和思考。在人民币汇率变动更趋波动性的今天，人民币汇率传递效应的研究愈发重要而紧迫，人民币汇率传递效应的研究具有重要的理论价值和现实意义。

### 1.1.2 选题意义

汇率传递（Exchange Rate Pass - Through，ERPT），或称汇率转嫁、汇率传导，通常是指名义汇率变化对贸易商品价格的影响程度，汇率变动有多少被进出口价格和国内价格所吸收（Ohno，1989）。一般说来，汇率传递在数量上表示为汇率每变动1%所导致的进出口价格变动的百分比，即名义汇率变化所带来的价格改变量。在本书的研究中，我们主要考察人民币名义汇率变动对中国出口商品价格水平的影响，即人民币汇率变动的出口价格传递效应。具体来说，就是人民币名义汇率变动所引起的出口价格变动的响应程度。汇率传递在数量上我们可以用汇率传递率、汇率传递系数或汇率传递弹性来表示，即名义汇率每变动百分之一所引起的出口价格水平变动的百分比。如果用 $\eta$ 表示汇率传递率，$e$ 表示名义汇率，$p$ 表示出口价格水平，那么汇率传递可以表示为：

$$\eta = \frac{\Delta p}{\Delta e} \times \frac{e}{p} \tag{1-1}$$

自20世纪60年代以来，随着对一价定律和购买力平价长期偏离问题的关注，特别是80年代以来，美元大幅波动而美国的进出口价格却相对稳定的事实，汇率传递问题逐渐成为国际经济学研究和关注的重要热点，理论分析与实证研究的成果颇为丰富。但这些研究大多数以美国和其他发达国家的市场为研究对象（Ghosh 和 Rrajan，2006），很少有以发展中国家的市场为研究对象进行的。对中国市场的研究更为少见，特别是人民币汇率形成机制改革以来的研究在已有文献中更是鲜为少见。而且，国外很多对汇率传递效应的研究主要集中在对进口价格和 CPI 的传递上，对出口价格传递效应研究在已有文献中相对较少。因此，本书的研究可以进一步丰富和发展汇率传递效应的研究内容，针对发展中大国的汇率传递问题给出理论分析与实证检验，这对广大的发展中国家和新兴市场体具有重要借鉴意义。同时，本书的研究可以对中国汇改以来人民币汇率变动对出口商品价格的传递效应给出具体的测度，从而对人民币升值背景下汇率变动对中国贸易收支的影响分析提供新的视角和研究方法。此外，目前国内对人民币汇率的研究多数集中在均衡汇率的决定问题，而对汇率变动效应的研究相对较为匮乏，本书的研究也可进一步充实和丰富这一领域的研究内容。

在人民币国际化地位不断提升的今天，作为一个逐步走向浮动汇率制度的贸易大国，人民币汇率变动对中国贸易商品出口价格的传递程度如何？或者说汇率的变化将多大程度上影响到贸易商品出口价格的变动？以及人民币汇率传递效应是如何决定的？这些问题极为重要，这是研究人民币升值对中国贸易收支影响的关键因素。如果汇率传递是不完全的和滞后的，那么汇率变动的支出转换效应将受到一定程度的阻碍。汇率变动能否影响贸易收支余额和国内通货膨胀水平等实体经济因素，以及在多大程度上产生影响，关键取决于汇率传递效应。本书以人民币汇率变动的出口价格传递效应为研究对象，其研究意义和研究价值主要体现在以下几个方面：

第一，人民币汇率传递问题的研究对于我们正确理解和预测人民币升值背景下进出口贸易余额和经济增长的变动情况具有重要意义，人民币汇率变动的经济效应取决于支出转换效应大小，而支出转换效应大小又与汇率传递效应密切相关；第二，汇率传递效应通常与市场集中度、贸易厂商的市场势力（Market Power）和产品差异性等市场结构因素密切相关，从市场结构层面对汇率传递问题的研究可以有助于我们了解特定产业和产品的国际市场格局以及相应的产业组织结构问题，从而可以为中国相关出口产业发展提供有力的建议支持；第三，汇率传递是了解国际实体经济联结的重要渠道，人民币汇率传递效应研究有助于正确理解和认识国际经济冲击对中国经济影响的传导机制和传导效应，从而可以为我们采取最优的货币政策和汇率制度选择提供有益帮助；第四，从微观视角来看，汇率传递问题与企业定价策略和经营战略选择密切相关，研究人民币汇率传递效应有助于为国内出口企业制定合理的定价策略和防范汇率风险提供依据，从而有助于实现出口企业利润最大化的经营目标。

## 1.2 研究思路和研究方法

### 1.2.1 研究思路

本书的总体研究思路本着提出问题、分析问题、解决问题的路线而展开，并按照现象描述、理论分析再到实证分析的逻辑结构层层推进。研究思路如图 1－1 所示。

第一，通过对经济现象的描述，提出 2005 年 7 月汇改以来，“人民币升值背景下贸易顺差大幅上升之谜”这一问题，作为本书研究的背景和逻辑起点，并试图从人民币汇率传递效应的视角对其寻求一个合理的解释。第二，对汇率传递的相关理论和实证研究进行国内外文献的梳理。第三，由于不完全汇率传递现象普遍存在，汇率—价格机制并非完全有效，汇率变动能否影响贸易收支以及在多大程度上影响贸易主要取决于汇率传递弹性大小，因此，从汇率—价格机制与贸易收支的关系出发，在新开放经济宏观经济学的分析框架下，建立不完全汇率传递与贸易收支的理论分析框架。第四，对 1978 年底中国推行改革开放战略以来，人民币汇率变化、中国对外贸易和经济增长的变动情况进行一个动态的描述，进一步表明人民币汇率传递效应研究的重要现实意义。第五，通过对完全汇率传递长期偏离的解释，在对人民币汇率变动的出口价格传递效应的影响因素分析的基础之上，从中国独特的出口市场结构和出口贸易方式出发，构建本书对人民币汇率传递效应决定的理论模型。第六，本书在 Feenstra（1987）、Hooper 和 Mann（1989）、Knetter（1993）、Campa 和 Goldberg（2005）等人提出的成本加成理论模型分析框架基础上建立人民币汇率传递的计量模型。在单位根检验、协整检验和格兰杰因果关系检验的基础之上，利用 VAR 模型对人民币汇率变动的出口价格传递弹性进行了估计分析。第七，在人民币汇率变动的出口价格传递弹性估计分析的基础之上，提出了人民币低汇率传递对当前一些宏观经济问题的重要政策含义。

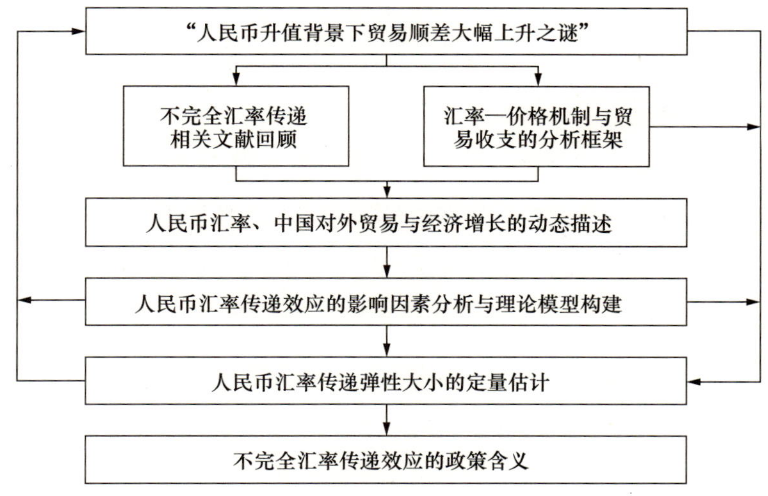


图 1－1 研究思路与逻辑框架

### 1.2.2 研究方法

汇率传递问题的研究不仅是一个理论问题，更是一个实证问题。因此，本书在广泛借鉴国内外汇率传递效应研究的主要成果的基础之上，考虑到本书研究的特点，即既要考虑汇率传递效应研究的一般性，又要密切联系实际，考虑到中国作为一个发展中的贸易大国，人民币汇率传递效应可能会有其自身的特殊性。因此，本书对人民币汇率变动的出口价格传递效应研究采用了理论分析与实证分析相结合，定性分析与定量分析相结合，规范分析与实证分析相结合的方法。

首先，从理论分析与定性分析方面来看。本书通过理论分析，对汇率与价格关系研究特别是不完全汇率传递研究的经典文献和基本理论进行总结和述评，建立汇率—价格机制与贸易收支关系的理论分析框架，以此搭建本书理论研究的支撑架构。在此基础之上，本书利用局部均衡的分析方法，在 Dornbusch（1987）等人的研究基础之上，引入出口贸易方式变量，利用古诺均衡的分析范式构建人民币汇率传递效应决定的理论模型，并利用 Taylor（2000）的交错定价模型考察了通货膨胀环境对人民币汇率传递效应可能产生的影响，此外，还在新开放经济宏观经济学分析框架内，考察了出口市场结构、出口贸易方式、企业经营战略等微观基础对人民币汇率传递效应的影响。

其次，从实证分析与定量分析方面来看。本书对 1978 年改革开放以来，人民币汇率变动、中国对外贸易与经济增长的一般变动特征进行了描述性分析，并对实证分析样本期间人民币名义有效汇率变动和出口价格指数的变动情况进行了统计性描述。

最后，从规范分析方面来看。本书在对人民币汇率传递系数大小进行实证估计的基础之上，还以规范分析和逻辑分析为指导，把本书实证分析的研究结论和中国的实际问题结合起来，从不完全汇率传递问题出发，提出了人民币升值策略选择、出口贸易战略调整、经济增长方式转变和最优货币政策选择等国内宏观问题的政策含义。

## 1.3 研究内容和结构安排

围绕着人民币汇率变动出口价格传递效应理论与实证分析这一主线，全书的结构大致可分为四大部分。第一部分包括第 1 章、第 2 章、第 3 章和第 4 章，主要是全书研究分析的起点、背景和理论分析框架；第二部分为第 5 章，主要是理论分析模型部分；第三部分为第 6 章，主要是实证分析部分；第四部分为第 7 章，主要是规范分析部分。其中：

第 1 章：绪论，介绍选题的背景、意义、研究思路和研究方法、研究内容和结构安排等，是对全书研究的框架概括。

第 2 章：汇率传递问题相关文献回顾，主要是从理论研究、实证研究以及规范分析的视角对汇率传递的问题进行梳理，为本书提供研究基础。

第 3 章：汇率—价格机制与贸易收支变动的理论分析框架，在对汇率变动与贸易收支之间关系研究的理论演进进行梳理的基础之上，考虑汇率—价格机制并非完全有效的影响，在新开放经济宏观经济学分析范式之下，把不完全汇率传递与贸易收支变动联系起来，建立本书研究的理论分析框架。

第 4 章：人民币汇率、对外贸易与经济增长的变动情况分析，主要对改革开放以来，人民币汇率变动、中国对外贸易发展与经济增长之间的相关关系进行描述性统计分析和简要的定性分析，指出中国渐进式的人民币汇率改革有力地支持了对外开放政策，是实现对外贸易壮大发展和经济增长的必要条件。汇率变动对整个国民经济和人们日常生活的影响越来越重要，汇率成为重要的经济杠杆，从而进一步论证本书的研究价值和研究意义，为后面的研究提供支撑。

第 5 章：人民币汇率传递决定的影响因素分析及其理论模型构建，是本书理论研究的核心，首先在新开放经济宏观经济学分析框架下，考察了市场结构、企业经营战略、出口商品结构等因素对人民币汇率传递效应的影响分析。并在

Dornbusch（1987）等人的研究基础之上，考虑到中国出口贸易方式和出口市场结构的重要特征，并利用局部均衡的分析方法和古诺均衡的分析范式构建人民币汇率传递效应决定的理论模型。

第 6 章：人民币汇率传递的实证研究，这是本书实证分析的核心，首先在 Feenstra（1987）、Hooper 和 Mann（1989）、Knetter（1993）、Campa 和 Goldberg（2005）等人提出的成本加成理论模型分析框架基础上建立人民币汇率传递的计量模型。在此基础之上，利用 VAR 模型对人民币汇率变动的出口价格传递效应进行了实证分析。同时将国外市场需求压力、国外市场竞争压力、国内企业出口成本、人民币名义有效汇率和出口价格指数五个变量纳入 VAR 系统，并对这五个变量进行了单位根检验和协整检验，还对人民币名义有效汇率和出口价格指数进行了因果关系检验。在 VAR 模型估计的基础之上，利用脉冲响应函数和方差分解技术定量分析了人民币汇率变动对出口价格的影响。

第 7 章：人民币低汇率传递的政策含义，根据实证分析的结论，人民币汇率变动对出口价格的影响非常有限，这种较低的汇率传递效应不仅为“人民币升值背景下贸易顺差大幅上升之谜”提供了合理的解释，而且还对目前中国面临的若干重要宏观问题提供了新的政策含义。从较低的汇率传递弹性出发，本章分别对人民币升值策略选择、出口贸易战略调整、经济增长方式转变和最优货币政策选择四个宏观问题提出了相应的政策建议。

## 1.4 创新与不足

### 1.4.1 创新之处

本书研究可能的创新之处主要包括三个方面：

第一，研究视角的创新。一方面，2003 年以来，在一系列因素的共同作用下，人民币升值问题逐渐成为国内外理论研究的热点和实务界广泛关注的焦点问题，许多学者从不同视角对人民币应不应该升值、人民币升值的利弊分析等问题进行了大量的研究工作。本书研究不同于以往的研究，选取人民币汇率传递效应作为研究的切入点，进而展开人民币升值的经济效应分析。另一方面，在关于汇率传递效应的研究中，虽然文献较为多见，但大多数都以发达国家为研究对象，对发展中国家特别是像中国这样的发展中贸易大国的研究更是较少，而本书选取中国作为研究对象，而且并不同于其他研究，重点关注了出口价格的传递效应，对其既进行了理论分析，又进行了实证研究。

第二，从学术贡献上来看，在本书的理论分析部分，本书能够把汇率传递效应的一般性与中国具体问题相结合，考虑到中国外资企业主导的加工贸易独占半壁江山这一独特的出口贸易方式，本书在 Dornbusch（1987）采用的古诺模型分析框架基础之上进行改进和拓展，并引入出口贸易方式变量，构建了关于汇率传递效应的一个局部均衡的理论分析模型，模型分析结果具有较好的现实解释力。

第三，在实践应用层面，本书能够在对人民币汇率传递效应进行理论和实证分析的基础之上，从低汇率传递视角对人民币升值策略选择、出口贸易战略调整、经济增长方式转变以及最优货币政策选择等当前重要的宏观问题进行新的解读，提供政策建议，这无疑提供了一个新的研究和分析问题的角度。

### 1.4.2 不足之处

本书研究可能的不足之处主要有以下三点：

第一，受数据可得性的限制，本书在实证研究部分，所选择的样本区间相对有限，有效样本点仅有 71 个，这种小样本特征为本书的研究带来很多不便，一些研究可能无法进行，比如对汇率传递弹性稳定性的检验，即中国是否存在最近大量实证研究发现的汇率传递效应都呈现出显著的下降趋势（McCarthy，1999；Gagnon 和 Ihrig，2001；Frankel，Parsley 和 Wei，2004；Mumtaz，2006 等）。

第二，已有研究表明，汇率传递效应因产业和国别而异，本书研究只考察了总体的出口价格传递效应，对分产业或产品类别的传递效应，以及对不同贸易伙伴国的汇率传递效应没有研究。

第三，本书在理论分析和实证分析时，采用的是局部均衡的分析方法，把汇率冲击作为一个外生变量来考察，这种局部均衡的分析方法可能会在一定程度上影响研究的全面性。

这些不足之处既是本书今后努力改进的方向，也为未来的研究工作提供了可选的素材和内容。

# 2 汇率传递的文献回顾

汇率与价格同为开放经济环境下的核心经济变量，同时也是两个关系极为密切的经济变量，汇率变动对经济影响的关键环节就是通过价格机制进而对其他经济变量发生作用，从而产生汇率变动的支出转换效应。因此，汇率与价格的关系一直以来都是开放经济宏观经济学中最重要的研究命题之一。传统的国际经济学理论认为，根据一价定律和购买力平价理论，汇率的变动会引起相应价格水平成比例的变动，即汇率传递是完全的和及时的。但是在现实的世界中，由于市场的不完美等诸多因素的影响，往往导致对一价定律和购买力平价的长期偏离，所以不完全汇率传递和依市定价①（Pricing - To - Market，PTM）问题就成为普遍存在的一种长期现象。汇率传递效应对于一国贸易收支调节、货币政策的执行、汇率制度的选择以及经济冲击的国际传递等问题都具有重要含义。自 20 世纪 70 年代世界范围内浮动汇率制度普遍建立以来，汇率传递问题一直是国际经济金融领域研究的重要热点。

## 2.1 汇率传递的基本内涵

### 2.1.1 汇率传递的含义

汇率传递是理解汇率与实体经济之间相互关系的决定性因素，是描述汇率与

① 不完全汇率传递与依市定价的主要差异就在于，当存在依市定价的时候，不仅汇率传递是不完全的，而且汇率传递效应会随着市场不同而相异。

价格关系的主要形式，即汇率变动引起的价格水平改变的程度。汇率传递是汇率问题研究中的核心命题之一。在现有的文献当中，Kreinin（1977）在其 IMF 的工作论文中最早提出“汇率传递是汇率变动对进口价格水平（通常按照本币表示）和出口价格水平（通常按照外币表示）变动的影响程度”。目前，虽然汇率传递研究的文献非常之多，但仍未能对汇率传递的概念界定形成广泛一致的共识（Takhtamanova，2008），许多学者基于不同的研究视角对汇率传递给出了不同的概念界定。一些学者主要从汇率变动对进口价格变动的效应来定义汇率传递，这也是实证研究中较为多见的界定。如 Ohno（1989）认为“传递概念是指汇率变动反应在进口价格上变化的程度”，Goldberg 和 Knetter（1997）关于汇率和价格的经典文献综述中指出“汇率传递在教科书中的定义是指进口国和出口国之间汇率的一个百分点变动引致的以进口国货币表示的进口价格变动的百分比”，类似的学者还有 Kim（1990）、Ghosh 和 Rrajan（2006）等。就连著名的《新帕尔格雷夫货币金融大辞典》也将汇率传递定义为“进口价格对汇率变化反应的程度”①。

随着开放经济宏观经济学的发展，一些学者对汇率传递的界定给予更为丰富的含义，把汇率传递效应从进口价格扩展到出口价格和国内一般物价水平，如 Menon（1995）、McCarthy（2000）等将汇率传递定义为“国内价格水平对汇率变动的反应程度”。Obstfeld 和 Rogoff（2000）提出汇率传递可以分为以下两种效应：直接效应和间接效应，前者是指汇率变动引起的进口价格或出口价格变动的程度，后者是指进口价格或出口价格的变动通过生产、销售和流通等渠道逐步传递到进口国或出口国的国内物价水平的总体变动。因此，从一般意义上讲，我们可以把汇率传递界定为按照目的地货币（Destination - currency）表示的贸易商品价格对汇率变动的反应程度②。当然，出于研究对象和研究目的的不同，不同的

① ［美］彼得·纽曼，默里·米尔盖特，［英］约翰·伊特韦尔编．新帕尔格雷夫货币金融大辞典［M］．北京：经济科学出版社，2000.

② 通常认为，当研究进口价格传递时，贸易商品价格是按照进口国的货币表示；当研究出口价格传递时，贸易商品价格同样是按照出口目的地，即进口国的货币表示。

学者可以根据研究需要对汇率传递给出不同的界定。比如在本书研究中汇率传递就是指汇率变动对出口商品价格的传递效应。

### 2.1.2 一个理解汇率传递的简单分析框架

为了更好地有助于理解汇率传递机制及其含义，这里我们引用 Ghosh 和 Rrajan（2006）提出了一个简单的理论模型。

我们考虑一个简单的两国模型。假设有两个国家，A 国和 B 国，两国之间通过国际贸易交易一种商品 Y，A 国作为进口国，而 B 国作为出口国。$E_B^A$ 表示两国间汇率，用每单位 B 国货币所能兑换的 A 国货币的数量来表示。

假设一价定律（the Law of One Price，LOP）成立，则有：

$$P_Y^A = E_B^A P_Y^B$$

对上式两边取自然对数，则有：

$$\ln P_Y^A = \ln E_B^A + \ln P_Y^B$$

对上式两边同时取微分，并两边同除以 $\Delta \ln E_B^A$，则可得：

$$\frac{\Delta \ln P_Y^A}{\Delta \ln E_B^A} = \frac{\Delta \ln P_Y^B}{\Delta \ln E_B^A} + 1 \qquad (2-1)$$

这里，$P_Y^A$ 表示商品 Y 在 A 国的本币价格，$P_Y^B$ 表示商品 Y 在 B 国的本币价格。因此，汇率变动（$E_B^A$）对进口国（A 国）的进口商品价格（用 A 国货币表示）传递效应可以用（2－1）式来表示。而汇率变动（$E_B^A$）对出口国（B 国）的出口商品价格（用 B 国货币表示）传递效应则由（2－1）式中等式右边第一项来表示。

如果$\frac{\Delta \ln P_Y^B}{\Delta \ln E_B^A}=0$，那么，这意味着汇率变动完全没有反映在按照出口国（B 国）货币表示的出口价格上，即按照出口国货币表示的出口价格不变，出口价格传递率为零，此时进口国（A 国）的进口商品价格传递率为完全传递，即$\frac{\Delta \ln P_Y^A}{\Delta \ln E_B^A}=1$；另外，如果$\frac{\Delta \ln P_Y^B}{\Delta \ln E_B^A}=-1$，这意味着出口国（B 国）的出口商品价格传递为完全汇率传递，而进口国（A 国）的进口商品价格传递率为零；如果 $-1<\frac{\Delta\ln P_Y^B}{\Delta\ln E_B^A}<0$，则进口价格传递与出口价格传递都称为不完全汇率传递。

当市场为不完全竞争时，出口商具有一定的市场势力，我们假设企业定价是在边际成本上有一定比率的价格加成（Mark - up），那么，我们可以将 $P_Y^B$ 写成更一般的形式：

$$\ln P_Y^B=\ln MC_Y^B+\ln MKP_Y^B \tag{2-2}$$

这里，*MC* 表示 *B* 国出口商的边际成本，*MKP* 表示出口商的价格加成，所有变量都用对数形式表示。

为了研究的简便起见，大多数的文献通常都假定 MC 是固定不变的，并不随着汇率的变动而变动，而 MKP 是随汇率变动而变化的。而且，$\frac{\Delta\ln MKP_Y^B}{\Delta\ln E_B^A}<0$。因此，B 国出口商越具有依市定价的能力，面对本国货币的贬值，B 国出口商就越倾向于提高价格加成比率①。也就是说，当 $\frac{\Delta\ln MC_Y^B}{\Delta\ln E_B^A}\to-1$，$\frac{\Delta\ln P_Y^B}{\Delta\ln E_B^A}\to-1$，因此，$\frac{\Delta\ln P_Y^A}{\Delta\ln E_B^A}\to0$。当然，如果 $\frac{\Delta\ln MKP_Y^B}{\Delta\ln E_B^A}<-1$，那么 $\frac{\Delta\ln P_Y^A}{\Delta\ln E_B^A}<0$，也就是说此时进口国（A 国）的进口价格传递超过完全汇率传递。

现在，我们假定 B 国从 A 国进口中间产品。在这种情况下，我们有：$\ln MC_Y^B=\ln[MC_Y^B(E_B^A)]$，且 $\frac{\Delta\ln MC_Y^B}{\Delta\ln E_B^A}<0$，也即，B 国的货币贬值将提高从 A 国进口的中间产品的成本。B 国对从 A 国进口的中间产品依赖程度越高，进口需求弹性越高，$\frac{\Delta\ln MC_Y^B}{\Delta\ln E_B^A}\to-1$ 的可能性就越大。在这种情况下，$\frac{\Delta\ln P_Y^B}{\Delta\ln E_B^A}\to-1$。相应地，进口国的进口商品价格传递率趋近于零。

因此，当存在这种出口国（B 国）从进口国（A 国）进口中间产品，并将

① 这里实际上等价于当 B 国出口商的市场势力越强，越具有垄断定价的能力的时候，面对本币的贬值，B 国出口商倾向于提高加成比率，传递汇率变动带来更多的不利变化。

生产的最终产品出口到进口国（A 国），这种贸易情形被称为生产相互依存（Production Sharing）①。当存在着生产相互依存的情形时，会降低进口国的进口商品价格传递程度②。

20 世纪 70 年代，随着布雷顿森林体系的解体，各国之间汇率波动的幅度与频率非常剧烈，许多经验分析和实证研究都表明实际数据资料对购买力平价和一价定律的偏离已经成为经济常态。特别是 1985 年前后在美元分别经历了大幅度的升值和贬值的同时，美国的进口价格却保持相对稳定，价格对汇率变动的反应并非是及时、有效的。这促使人们开始转向新的视角探寻汇率与价格的关系，在此背景下，关于汇率传递的理论分析与实证研究的文献开始大量涌现，并在之后很长一段时期，汇率传递问题主要是不完全汇率传递研究逐渐成为国际经济学研究中的重要热点。大量的文献对汇率传递问题的研究主要从以下三个方面展开：一是关于汇率传递的理论研究，主要是不完全汇率传递的成因分析以及汇率传递弹性的决定因素研究，并经历了一个从宏观模型到微观基础的分析范式转变的发展过程；二是关于汇率传递弹性的经验估计，即主要是关于国别、产业或产品的短期、长期汇率传递弹性的实证研究以及实证研究的计量方法问题；三是关于汇率传递的宏观经济效应研究，主要是汇率传递弹性大小对货币政策执行、汇率制度选择、支出转换效应等宏观问题的影响分析。

---

① 关于更加详细的生产相互依存与汇率传递的关系，可参见 Ghosh，Amit and Ramkishen Rrajan. Exchange Rate Pass - through in Asia：What does the Literature Tell Us? ［J］. Asia - Pacific Economic Association（APEA） Second International Conference Paper，2006（3）：20 - 26.

② 我们不难理解，当存在生产相互依存的情况，假如当 B 国货币升值的时候，B 国从 A 国进口的中间产品成本也将下降，这在一定程度上抵消了由于本币升值引致的 B 国出口到 A 国的最终产品价格的不利变化，因此，这就降低了 A 国的进口商品价格传递程度，但 B 国货币贬值的时候，亦是如此。

## 2.2 汇率传递的理论研究：从宏观模型到微观基础

### 2.2.1 基于传统开放经济宏观经济学视角

关于汇率传递问题的研究最初起源于20世纪70年代末期对宏观经济外部平衡（External Balance）和国内通货膨胀问题的关注而展开的。传统开放经济宏观经济学模型，比如著名的蒙代尔—弗莱明模型通常假定国际贸易是在完全竞争的市场下进行的，不存在市场进入障碍，认为商品市场均衡是建立在购买力平价定律成立基础之上的，一价定律和购买力平价是解释价格水平对汇率变动反应的原因。一价定律和购买力平价是从货币的基本功能（具有购买力）角度分析货币的交换问题，这非常符合逻辑；同时它的表达形式也最为简洁，确立了一种货币内外价值一对一的函数关系（尹应凯，2008）。从一价定律和购买力平价的角度来看，汇率与物价的关系就是：一国的实际汇率是始终不变的，物价的变动只会带来名义汇率向相反方向等量的调整，反之，名义汇率的变动也会带来物价相反方向等量的调整。因此，汇率传递是完全的和及时的。从而在浮动汇率制度安排下，经常项目的对外失衡问题可以通过汇率的变动进而引起进出口商品相对价格的调整。

20世纪70年代以来，在浮动汇率制度下，汇率变动在经常项目失衡调整方面的失效，引起人们对汇率变动的价格和数量调整机制的关注。几乎所有版本的购买力平价理论都无法很好地解释有关汇率和价格水平的实际数据资料，特别是在20世纪80年代中期，美元的大幅升值以及随后的大幅贬值，其幅度远远超过购买力平价理论的预测。从20世纪70年代开始购买力平价理论就不能对实际情况做出有效的解释了，但在60年代它还曾是理解汇率和价格水平关系的可靠指南①。这就引起了理论界对不完全汇率传递研究的关注。早期对于不完全汇率传递的理论解释主要集中在黏性价格和供求弹性变化的宏观模型上。

最初，学者通常认为在完全竞争市场上，不完全汇率传递只是暂时现象，仅仅是一个短期的“伪命题”，并且可以用短期价格黏性或者短期的相对供求弹性大小来解释。Magee（1973）主要强调国际贸易中买卖双方交易合同对汇率传递的影响。在汇率传递的第一阶段，交易价格是按照原先签订的贸易合同来执行。如果协议价格按照进口方的货币计价，那么短期的汇率传递是零传递；如果协议价格按照出口方的货币计价，那么短期的汇率传递是完全传递。并且他指出，协议计价货币的选择取决于交易双方相对市场势力大小。Ghosh 和 Wolf（1994）指出由于菜单成本（Menu Cost）的存在，出口商不愿意频繁地调整价格，因此，也导致短期的汇率传递比较低。此外，由于资产专用性，特定产品的出口要求特定的设备，因此短期内出口商宁愿忍受低汇率传递带来的损失，而不愿去缩减生产（Alston，1992；Menon，1992）。

我们这里引用 Branson（1972）的一个简单供求模型来说明早期宏观模型对汇率传递问题的认识。

在市场一体化的情况下，两个国家之间进行国际贸易，一个为出口国，另一个为进口国。市场的需求量（$Q_D$）和供给量（$Q_S$）可分别由下面两个方程所决定：

$$Q_D = D(P_{X,F}) \tag{2-3}$$

$$Q_S = S(P_{X,D}) \tag{2-4}$$

这里，$P_{X,F}$是按照进口国货币表示的进口国的市场价格，$P_{X,D}$是用出口国货币表示的出口国的市场价格。如果 E 是双边汇率，用每单位进口国货币所能兑换的出口国货币的数量来表示。那么，根据一价定律，必然有：

① Hans Genberg. Purchasing Power Parity Under Fixed and Flexible Exchange Rates [J]. Journal of International Economics, 1978, 8 (5): 247-276; Jacob A. Frenkel. The Collapse of Purchasing Power Parities During the 1970 [J]. European Economic Review, 1981, 16: 145-165.

$$Q_S = S(P_{X,D}) = S(EP_{X,F}) \tag{2-5}$$

假设供给弹性和需求弹性是固定不变的，分别用 $s_x$（假设为正）和 $d_x$（假设为负）表示，那么（2－4）式和（2－5）式取对数形式可以转化为：

$$\ln Q_D = d_x \ln P_{X,F}$$

$$\ln Q_S = s_x \ (\ln E + \ln P_{X,F})$$

当市场均衡时，我们有：

$$(d_x - s_x)\ln P_{X,F} = s_x \ln E \tag{2-6}$$

（2－6）式进而可以转化为：

$$\ln P_{X,F} = [s_x/(d_x - s_x)]\ln E \tag{2-7}$$

（2－7）式等式右边第一项分子、分母同时除以 $-s_x$，可以简化为：

$$\ln P_{X,F} = [-1/(1 - d_x/s_x)]\ln E \tag{2-8}$$

根据（2－8）式和出口价格传递的含义，我们可得，汇率变动的出口价格传递为：

$$(dP_{X,F}/P_{X,F})/(dE/E) = -1/(1 - d_x/s_x) \tag{2-9}$$

（2－9）式显示，当供给具有无限弹性时，也就是说 $s_x$ 趋向于无穷大，出口价格传递为完全传递，即单位汇率传递弹性，因此，按照出口国货币表示的出口国的市场价格是稳定不变的。反之，当供给弹性很低的时候，即 $s_x$ 趋向于零，出口价格传递为零传递，出口商吸收了全部的汇率变化的不利影响。同时，(2－9)式也表明，汇率传递的大小和速度同供给弹性与需求弹性的关系密切相关。比如，当供给变得更加无弹性，需求变得更加富有弹性的时候，汇率传递变得更小，接近于零。

根据（2－9）式，我们可以看出，在短期内由于供给弹性很低，因此汇率传递往往是不完全的。但只要在充分长的时间内，以及在完全竞争的市场情况下，市场上没有进出壁垒，长期内供给弹性将会趋于无穷大，必然回归完全汇率传递。因此，我们可以说，由于合同和短期价格黏性等因素，不完全汇率传递可能仅仅是一个暂时现象，在足够长的时间内，汇率传递必将是完全传递。

### 2.2.2 基于不完全竞争和产业组织视角

虽然传统的宏观模型认为不完全汇率传递仅仅是一个短期现象，但越来越多的实证研究和经验数据都表明，不完全汇率传递不仅是一个长期现象，而且在世界范围内都普遍存在。如 Campa 和 Goldberg（2005）利用 1975～2003 年的季度数据对 OECD（经济合作与发展组织）23 国的进口价格汇率传递效应进行了实证分析表明，1975～2003 年 OECD 23 国平均短期（一个季度）汇率传递系数为 0.46，长期（四个季度）汇率传递系数为 0.64。这种长期内不完全汇率传递普遍存在的现象被称为“传递之谜”（Pass－through Puzzle）。学者们开始把对不完全汇率传递研究的视角转向长期内不完全竞争市场下的市场结构分析、企业定价策略和边际收益的调整（通常是指加成份额调整）① 等方面，并寻找宏观模型分析缺失的微观基础。总的来看，这些研究主要集中在以下几个方面：

基于产业组织视角的解释。Dornbusch（1987）和 Krugman（1987）、Knetter（1989）从不完全竞争和产业组织的角度分析了汇率传递问题，他们认为汇率传递之所以不完全，是由于市场结构的变化和产业组织行为影响的结果造成的。完全的汇率传递是以世界市场的完全竞争为前提，而汇率传递不完全则是由于世界市场不完全竞争的结果，同时一些产业组织因素也影响到汇率传递。Dornbusch（1987）、Hooper 和 Mann（1989）从市场集中度、产品同质性、产品替代程度以及国内外厂商相对市场份额来分析价格对汇率波动的反应。一般说来，如果市场集中程度提高，进口商品用国内货币标价的范围扩大，则汇率传递系数会降低，如果产品的同质和替代程度提高，国外厂商相对于国内竞争者的市场份额扩大，则汇率传递系数会上升。Sibert（1992）在 Dornbusch（1987）的分析基础上，发现出口厂商的共谋程度以及它们的市场份额越高，汇率传递程度越高。Goldberg 和 Knetter（1997）等诸多学者指出，在存在市场分割的情况下，汇率变动的影响会被特定目标国的成本加成部分的调整所抵消，从而使价格变动程度低于汇率

① 在不完全竞争的市场结构下，企业可以通过在边际成本之上的加成份额的调整来改变产品价格。

变动程度，这产生不完全汇率传递。

基于沉没成本（Sunk Cost）理论的解释。在厂商的成本中，有些成本在中短期内一般不会通过全部停产而撤转，一旦投资完成便沉没下来，不再构成厂商的机会成本，这种成本就是厂商的沉没成本。Baldwin 和 Krugman（1989）以及 Dixit（1989）从供给角度提出沉没成本理论，认为一个大的汇率传递效果是不会仅仅由于汇率的变动而逆转的。

企业在进入市场时，由于广告、建立分销网络或培养消费者忠诚度产生的沉没成本，会给予企业一定程度的垄断力量（Baldwin，1988；Froot 和 Klemerer，1989）。正因为沉没成本的不可撤转性，厂商只有预期价格能补偿他的沉没成本时，才会进入一个新的市场，一旦他的成本沉没下来，只要产品价格能补偿其可变成本，他就不会退出，因此每个厂商都会在一定的价格范围内保持现有的状况，不会轻易地进入和退出某一市场。当汇率变动不大时，生产差别产品厂商的生产成本变动不足以导致厂商进入一个新的市场，或者从现有的市场位置退出，厂商对汇率的变动不敏感，且汇率传递不完全。从动态角度看，在存在沉没成本的情况下，厂商在决策时，会比较将来利润的贴现值和现期利润的大小。如果将来利润的贴现值低于扩展市场的沉没成本，当国内货币升值时，国外的出口商将不愿意降低价格，提高销售量，一般会维持现有的价格和销售量；同样，当国内货币贬值时，国外厂商也不愿意提高价格，使得汇率传递更加不完全。

基于分销等非贸易服务的解释。McCallum 和 Nelson（2000）从分销等非贸易服务角度提供了新的解释。消费物价指数不仅包括具体的实物商品，还包括商品从厂商到消费者手中的供应链上一系列的服务，如市场营销、分销和零售服务等，而这些是非贸易项。所以汇率的变动不会影响这些非贸易服务价格，只影响到消费者购买成本的一部分。这同运输成本①对支出转换的效应类似，非贸易服

① Obstfeld 和 Rogoff（2000）假设运输成本占出口产品价格的一定比例。即使进口品是国内产品的完全替代品，但是由于运输成本造成进口品价格偏高，消费者仍偏向于国内产品。因此汇率的变动在一定的区间内不改变消费者的选择。

务占消费成本的比例决定了对汇率支出转换效应的减弱程度。非贸易服务占消费成本的比例越大，汇率支出转换效应就越弱，汇率传递的影响也就越弱。Yushi Yoshida（2003）在局部均衡的分析框架内，指出跨国公司通过新建或收购的方式在国外建立分销或生产分支机构会显著地改变汇率传递的程度。当出口公司的市场影响力较大时，汇率传递的程度较高（Feenstra 和 Knetter，1996），Gron 和 Swenson（1996）也把当地生产的程度作为解释下降的原因之一。

### 2.2.3 基于新开放经济宏观经济学视角

20 世纪 90 年代，Obstfeld 和 Rogoff（1995）构筑的新开放经济宏观经济学（New Open Economy Macroeconomics）将垄断竞争和名义价格黏性纳入动态的一般均衡模型（一般简称为 Redux 模型或 O – R 模型）中，并建立了宏观分析的微观基础，成为新开放经济宏观经济学的一个基本模型。此后，Lane（1998）、Betts 和 Devereux（1999）等人进一步扩展了 O – R 模型，将工资黏性、非贸易品、不确定性等微观理论融入模型，为分析经济主体行为建立了坚实的微观基础，这也为汇率传递问题研究提供了新的分析视角。

研究发现，出口企业究竟是用本国货币设定出口价格，还是用出口目的地国货币设定价格，企业价格设定行为的不同会影响汇率对进口价格传递率的大小[①]。生产者在开放经济条件下能够选择以国内货币或国外货币定价（Betts 和 Devereux，1996），如果以出口商的货币计价，即生产者货币定价（Producer Currency Pricing，PCP），汇率变动传递到最终消费者的程度是完全的，进口商品会显示出较大的价格弹性。另外，如果商品价格以消费者货币计价（Local Currency Pricing，LCP），就完全不存在汇率传递，进口价格不受汇率变动的影

① 在 Obstfeld 和 Rogoff（1995）新开放经济宏观经济学的开创性文献中，假定一价定律成立，并且商品选择以生产者货币定价。在这种情况下，名义汇率波动就会产生一一对应的进口价格变化，所以汇率价格传递机制是完全的。Betts 和 Dvereux（1996；2000）则扩展了 Obstfeld 和 Rogoff（1995）提出的模型，他们考虑了非对称的企业定价行为格局，即一部分企业可以采用消费者货币定价，在这种情况下，汇率变化对进口价格的影响完全被隔绝了。

响。根据 PCP 模型，进口价格主要受汇率波动的影响；而 LCP 模型则认为，进口价格主要受国内价格的影响。Knetter（1989）研究了 1977～1985 年的情况，发现美国以消费者货币计价的出口价格要么对汇率变动不敏感，要么就放大了它们的冲击效应。Betts 和 Devereux（1996）以及 Engel（2002）指出整体的汇率传递效应取决于采用 LCP 和 PCP 的公司之间的比例。Goldberg 和 Tille（2005）进一步指出，定价货币的最优选择取决于本国商品与外国商品之间的替代程度。

Bacchetta 和 Van Wincoop（2005）运用纳什均衡纯战略分析方法，提供了一个补充性的立足于公司的最优定价策略的解释，国外出口公司把中间产品卖给国内公司，后者进行组装并出售最终产品。当这些国内公司面临生产最终产品的其他国内公司（比如非贸易品部门）的竞争时，它们会选择以本国货币进行标价，出口公司则会倾向于以出口商的货币标价。在这种情况下，对进口价格的汇率传递是完全的，但向消费价格的传递为零。Bacchetta 和 Van Wincoop（2005）发现制约计价货币选择的两个主要因素是市场份额和商品的分散化。出口国在某一产业的市场份额越大，其商品越分散化，出口商越可能以自己的货币计价。当一些国家组成货币联盟时，新的货币在贸易中有可能比它所取代的货币总额还要用得广泛。LCP 阻碍了不同国家间商品价格的联系，会导致对购买力平价的偏离。

策略性定价是和市场结构理论相一致的。根据市场结构理论，如果市场是分割的话，那么厂商制定的产品价格就会出现价格歧视（Price Discrimination）。不同市场的价格往往是由该市场的需求弹性和边际成本决定的，完全的汇率传导效应很难出现。黏性价格也会影响传递效应，Ghosh 和 Wolf（2001）在对两本杂志的国际价格进行实证分析后，认为价格黏性或菜单成本要比策略性定价或国际产品差别能够更好地解释不完全传递效应。这与 Campa 和 Goldberg（2001）的结论是一致的。他们发现如果产品价格是黏性的，那么完全的长期传递效应也会存在；如果产品存在差别，那么长期的传递效应就不存在。

随着新开放经济宏观经济学理论构架的确立，以及 20 世纪 90 年代在全球范围内出现的一个宏观经济之谜，即许多国家在经历本币大幅度贬值的时期内，通货膨胀率始终保持在较低水平。许多学者开始在新开放经济宏观经济学的理论框架下，把对不完全汇率传递的研究逐渐从微观视角转移到宏观层面上来。这些研究主要包括以下四个方面：

基于通货膨胀环境和货币政策规则的解释。近年来一个明显的现象是，发达国家与新兴国家的汇率传递系数一起降低。在一国的通货膨胀率和贸易对象国的通货膨胀率持续处于低位稳定时，名义汇率传递出现持续的朝一个趋势变动的可能性较小。Taylor（2000）通过对普遍存在的汇率传递下降现象进行分析，最早在宏观经济变量（如通货膨胀和货币政策）与汇率传递之间建立联系，在全球竞争压力提高和稳定的低通货膨胀的经济环境中，企业难以将汇率变动对价格的影响完全传递到出口商品上，进而推导出汇率波动对国内物价的影响也降低。他利用一个交错定价（Staggered Price Setting）的模型，认为在一个垄断竞争的环境中，定价能力与成本或价格变化的持续性直接相关。低的通货膨胀环境意味着成本与价格变化程度比较低而且稳定，这种低通货膨胀环境降低了厂商的通货膨胀预期，稳定了企业价格调整行为，也会导致低的汇率传递。Taylor（2000）并且指出汇率传递与货币政策规则是互为影响的，一方面，汇率传递在一定程度上取决于一国的货币政策规则，稳定的低通货膨胀和可信的货币政策将自动地导致低汇率传递弹性；另一方面，低汇率传递弹性也有助于一国实现通货膨胀稳定和实施可信的货币政策规则。Bergin 和 Feenstra（2008）研究指出，美国从采用固定汇率制度的国家（如中国）进口份额的提升会弱化汇率对美国进口价格的传递效应。

Devereux、Engel 和 Storgaard（2003）在开放宏观经济框架下提出一个内生传递模型，汇率和传递是同时决定并相互影响的。因为公司自主选择对出口商品标价的货币，所以传递是内生的。传递的内生性极大地改变了经济结构参数与汇率波动的关系，即经济政策的改变会导致均衡决策原则的改变。当汇率的波动性提高时，传递的程度下降，这里只有一个均衡。得出的关键结论是汇率传递与货币政策的相对稳定性相关，货币增长波动较小的国家，汇率传递程度相对较低；

而货币增长波动较大的国家会发生相对更高的传递程度。

Mishkin 和 Savastano（2001）通过实证分析后认为，传递效应的大小取决于通货膨胀目标制的可信度，如果通货膨胀目标制的承诺越来越清楚的话，那么传递效应就会下降。Devereus 和 Yetman（2002）进一步指出汇率传递率至少部分由宏观经济因素所决定，特别是黏性价格，而且，汇率传递率对货币政策规则是敏感的，这主要因为价格黏性的程度内生于货币政策规则。松的货币政策导致经常的价格变化和更高的传递率，不可预期的通货膨胀和汇率贬值都会提高传递率，但这是非线性变化的。当通货膨胀率足够高的时候，汇率传递是完全的。Choudhri 和 Hakural（2003）基于 7 个国家 1979 ~ 2000 年的数据，对 Taylor（2000）的假说进行了实证检验，发现传递效应与各个国家和各个时期平均通货膨胀之间有着显著的正相关关系。基于 Taylor（2000）的研究，Campa 和 Goldberg（2002）利用 1975 ~ 1999 年的季度数据，对 OECD 25 国汇率变动的进口价格传递率进行了实证分析，探讨了汇率传递率的变化对宏观经济的影响。实证结果表明，1975 ~ 1999 年，OECD 25 国平均短期汇率传递率为 0. 61，长期的汇率传递率为 0. 77。为探讨 20 世纪 90 年代汇率传递率是否低下，他们比较了 1975 ~ 1999 年与 1975 ~ 1989 年的汇率传递率，结果发现，25 国平均的 1975 ~ 1989 年的短期与长期汇率传递率比 1975 ~ 1999 年的分别高 0. 04 和 0. 2。

基于国家规模和开放程度的解释。在宏观上，经济体的规模与开放程度会影响到汇率传递的程度，汇率传递系数随着人均收入而改变（McCarthy，1999）。一个国家的对外部门相对于总产出越大，汇率运动对总体活动的潜在影响越大。但是对大国来说，即使有较大的对外部门，汇率运动的影响也有可能减弱，因为对该国出口的厂商会依市定价。证据表明美国进口品的价格仅反映出汇率变化的一半。不完全汇率传递的一个结果便是，与较小国家中同样的汇率变化相比，美元汇率的变化对美国进口的影响更小。McCarthy（2000）用向量自回归（VAR）模型对一些工业国家的汇率传递情况进行了研究，运用 1976 ~ 1998 年的进口价格、生产者价格和消费价格数据，发现在大多数国家中，汇率对消费价格的传递是适中的，汇率传递程度与开放度呈正相关，且与汇率的波动性负

相关。

基于贸易壁垒的解释。Bhagwati（1988）和 Branson（1989）认为一些制度性因素会引致市场的缺陷，从而给出口商施加外部约束，特别是一国政府的贸易政策，主要是非关税壁垒（Non - Tariff Barriers，NTBs）和进口数量限制（Quantitative Restrictions，QRs）是导致不完全汇率传递的主要原因。当市场上存在进口数量限制的时候，市场上的供给曲线非常陡峭，也就是说在进口数量限制上供给完全无弹性。如果出口商已经用足了配额，受进口数量控制就不能扩大销售规模，因此，当本币贬值的时候，出口商也就没有动力去降低价格，此时，汇率传递率等于零，汇率变动的结果就是出口商的边际收益增加。

基于全球化生产和公司内贸易（Intra - Firm Trade）的解释。与生产局限在一个国家的情况相比，生产全球化使汇率变动对进出口价格的影响程度变小。比如以日美贸易为例，日元升值提高了日本产品的成本和价格，从而恶化了日本产品的竞争力。如果日本采取国内生产并向外出口的体制，即日本产品都是在日本国内生产的，日本企业使用的是日本的劳动力和其他投入品，这些生产要素的价格都是用日元表示的。假定日元对美元的汇率升值 20%，那么日本产品用日元表示的成本不变，用美元表示的生产成本则上升 20%，在这种情况下，汇率传递是完全的。但为应对日元持续升值带来的负面影响，日本企业加大了海外直接投资的力度。尤其是 1985 年“广场协议”后，日元的急剧升值促使日本出现了巨额的海外直接投资。其结果是日本企业的海外生产比例上升。到了 1990 年，日本企业在海外生产的产品向日本的逆进口也逐年增加。在跨国企业中，汇率变化对价格的不利影响可以通过转移生产区域、企业内贸易等手段来缓解。随着日本跨国公司的不断增加、业务的不断扩大，企业应对汇率变化冲击的能力加强，日元汇率对进口价格的传递率也会出现下降的趋势。

当某种贸易发生在母公司和其全资子公司或者拥有控制权的附属机构之间时，通常被称为公司内贸易（Menon，1995）。随着经济全球化的发展，许多跨国公司（Multi - National Corporations，MNCs）出于战略的需要，在全球构建其分支网络。跨国公司内贸易的价格考量可能就不是基于出口方的利益最大化，而是公司全球战略利益的最大化，也往往会出现扭曲定价，这会对汇率传递产生重要影响。比如，Knetter（1992）指出，假如一个跨国公司出于对特定的进口国税收优惠的需要实行进口补贴策略，即按照出口方货币设定的出口价格非常低，向进口方转移收入。这种进口补贴会给进口方调整价格加成进而设定最优零售价格提供便利，因此，汇率传递到最终消费者可能就是不完全传递。

之外，还有学者认为汇率传递与经济周期因素有关。汇率传递一般与经济周期是同步的，当经济陷于衰退时，企业会减低利润而不是将汇率传递到价格（Leiderman 和 Bar - Or，1999；Goldfajn 和 Werlang，2000）。

### 2.2.4　基于市场分割和依市定价视角

在新开放经济宏观经济学框架下，许多学者（Engel，1993；Engel 和 Roger，1996 等）发现跨国间的商品价格差异已经超越了地理距离或运输成本所能解释的范围，于是许多学者开始从市场分割（Market Segmentation）和依市定价视角对汇率传递问题进行研究。

Knetter（1993）指出，一个企业的出口价格对汇率变动的最优响应受多种因素影响。这些影响因素主要通过两种渠道使汇率对价格发挥作用：一是通过汇率变动对边际成本产生影响；二是通过汇率变动对价格中高于边际成本之上的加成份额产生影响①。而且，这种由于汇率变动引致的不同市场上加成份额的调整，一般被称为依市定价。在 Krugman（1986）发表的一篇关于汇率变动与价格关系的开创性论文中，提出了在国际市场上的价格歧视问题，这是关于依市定价研究的早期文献。他指出："当美元升值的时候，向美国市场出口的国外出口商保持他们的出口价格不变，甚至提高出口价格的现象可以被称为依市定价。"现在我们通常认为，依市定价是指当汇率变动时，由于市场的异质性，出口商可以对不同的目的地市场索取不同的价格，从而产生即使同一商品却因市场不同而价格相

① 这里实际上是在不完全竞争的市场结构下分析，企业可以把价格设定在边际成本之上，即价格等于边际成本加上一个加成份额。

异的现象。这实际上就是三级价格歧视①，即对于不同的消费群体索取不同的价格（Pigou，1920）。我们可以看出，不完全汇率传递与依市定价的主要差异就在于，当存在依市定价的时候，不仅汇率传递是不完全的，而且汇率传递效应会随着市场不同而相异。Krugman（1986）利用不完全竞争的静态模型和动态模型来解释依市定价存在的原因，动态主要从两个视角考虑：一个是适应销售需要而产生的市场与分销设施的快速调整成本，另一个来自于企业在声誉方面进行投资的需要。

Marston（1990）的开创性研究提出了一个关于依市定价的理论模型。假设有这样的一个垄断厂商，在本国生产某种商品 $t$，但该商品同时销往国外市场和国内市场。企业在国外市场和国内市场的产品售价分别为 $P_t^*$ 和 $P_t$，分别以外币和本币表示。$E$ 表示一单位外币所能兑换的本币的数量。假如两个市场上能够完全套利，那么，根据一价定律可得：

$$P_t = EP_t^*$$

两个市场的商品套利行为能够阻止任何依市定价现象的出现。但是，如果由于各种形式的正式与非正式贸易壁垒的存在，第三方商品套利机制可能失效。那么，这就可能出现依市定价的现象，即企业在国外市场和国内市场上分别设定不同的价格②。而且企业可以根据国外市场和国内市场需求的变化以及成本的变化对国外市场和国内市场相对价格变动进行调整，如果国外市场和国内市场相对价格用 $X_t$ 表示，那么有：

---

① 通常，价格歧视是指同一物品对同一消费者收取不同的价格，或者，同一物品对不同的消费者收取不同的价格。Pigou（1920）在其著的《福利经济学》中将价格歧视划分为三类：一级价格歧视，也称完全价格歧视，是指垄断厂商对不同的需求量收取不同的价格。二级价格歧视是通过间接的选择装置，即“自我选择装置”来分离不同的消费需求层次。这种价格歧视是应用“激励相容原理”来对需求提供不同的消费计划，让不同的消费者根据各自不同的情况而自选，但不同的消费计划付不同的价钱。三级价格歧视则是通过直接的信号来有区别地对待消费者。这些直接的信号包括消费者的就业岗位、居住区域、年龄等。根据这些不同的特征，同一物品对消费者收取不同的价格。运用这些直接的信号，垄断厂商把消费者分为几类不同的群体。当然，垄断者仍无法知道每一个群体内不同的消费者的偏好。依市定价实际上是出口商根据目的地市场不同把消费者划成不同的群体，对不同市场的消费者收取不同的价格。以上内容参见：平新乔．微观经济学十八讲［M］．北京：北京大学出版社，2001.

② 这里，国外市场和国内市场商品价格按同一种货币表示，有 $P_t \neq EP_t^*$。

$$X_t = (EP_t^*)/P_t \tag{2-10}$$

Marston（1990）并且指出依市定价效应可以用（2－10）式的国外市场与国内市场相对价格比率对汇率的弹性 $\alpha$ 来描述，即：

$$\alpha = dX_t/X_t \times E/dE$$

国外市场和国内市场的需求函数分别用 $Q^*$ 和 $Q$ 表示，且其需求函数可以用下式表示：

$$Q^* = Q^*(P_t^*/CPI^*,\ Y^*) \tag{2-11}$$

$$Q = Q(P_t/CPI,\ Y) \tag{2-12}$$

这里，$CPI^*$ 和 $CPI$ 分别表示外国和本国的一般价格水平，$Y^*$ 和 $Y$ 分别表示外国和本国的真实国民收入。如果 $\varepsilon^*$ 和 $\varepsilon$ 分别表示国外市场和国内市场的需求弹性，那么根据（2－11）式和（2－12）式可得：

$$\varepsilon^* = -Q_1^*/Q^*(\cdot) \times P_t^*/CPI^*$$

$$\varepsilon = -Q_1/Q(\cdot) \times P_t/CPI$$

这里，$Q_1^*$ 和 $Q_1$ 分别表示（2－11）式和（2－12）式对其右边第一项求偏导。我们把总成本函数表达成总产出和价格因素的函数，即：

$$C = C\{[Q^*(\cdot) + Q(\cdot)],\ W_t,\ P_t^m\}$$

这里，$W_t$，$P_t^m$ 分别表示名义工资和原材料的价格。所有的生产都是在国内进行的，因此，成本中所有的价格因素都按照本币来表示。那么，企业的利润函数为：

$$\pi_t = EP_t^* Q^*(P_t^*/CPI^*,\ Y^*) + P_t Q(P_t/CPI,\ Y) - C(\cdot)$$

相应地，根据企业利润最大化的一阶条件可得：

$$(P_t Q_1)/CPI + Q(\cdot) - (C_1 Q_1)/CPI = 0 \tag{2-13}$$

$$(EP_t^* Q_1^*)/CPI^* + EQ^*(\cdot) - (C_1 Q_1^*)/CPI^* = 0 \tag{2-14}$$

这里，$C_1$ 是边际成本。可以进一步将（2－13）式和（2－14）式这两个一阶条件写成加成函数的形式，即：

$$P_t = C_1 M(P_t/CPI,\ Y) \tag{2-15}$$

$$EP_t^* = C_1 M^*(P_t^*/CPI^*, Y^*) \tag{2-16}$$

其中，$M$ 表示国内市场价格在边际成本上的加成份额，$M^*$ 表示国外市场价格在边际成本上的加成份额。我们可以看出，每一个加成函数和其相应的需求函数都是由共同的变量所决定的。因此，我们可以将加成函数用各自的需求弹性来表示：

$$M(\cdot) = \varepsilon/(\varepsilon - 1) \tag{2-17}$$

$$M^*(\cdot) = \varepsilon^*/(\varepsilon^* - 1) \tag{2-18}$$

（2－15）式、（2－16）式、（2－17）式和（2－18）式显示，商品 $t$ 在国外市场和国内市场的价格分别是由其在共同的边际成本上的加成份额所决定的，而且，每个市场上的加成份额又由其相应的市场需求弹性内生决定。如果汇率 $E$ 的变化没有完全反映到出口价格 $P_t^*$ 的变化上，那么汇率变动的出口价格传递就是不完全传递。在这种情况下，价格不完全传递部分必然要由其他变量的调整所反映，一种可能是由于市场需求弹性变动而引起加成份额调整，而需求弹性的变化可能跟需求曲线的凸度有关①；另一种可能是边际成本的变动，边际成本的调整可由生产投入品的成本或产量的变动所引致。利用这个思想，Knetter（1989）建立了一个对于特定产业在出口目标国之间出口价格的“固定效应模型”（Fixed－Effect Model），把成本的变化从成本加成的变化中分离出来，以区别边际成本和成本加成对于汇率变化的反映。通过这个模型，他发现，在大多数情况下，出口产品单位价值对于特定目标国的汇率波动是敏感的。这个结果与 Marston 的发现相一致。Knetter（1992a）、Hooper 和 Marquez（1993）进一步详细论证了这种变化主要源自汇率传递系数。Knetter（1993）并且指出，基于产业差异是研究依市定价问题的关键。

从而，我们很容易看出，依市定价问题为什么能够普遍存在，这主要是由于不同市场的需求弹性变化以及边际成本变化具有异质性。在不完全竞争的市场

① 当本币升值的时候，如果需求更富有弹性，那么最优的加成份额调整策略就是降低按外币表示的进口价格，即降低加成份额，出口商自行吸收汇率变化带来的损失。

上，企业具有一定程度的市场势力，从而可以把价格定在边际成本之上，而且当市场是分割的时候，面对汇率变动带来的影响，企业可以在不同市场上实行不同的价格响应策略。

关于依市定价问题的实证研究都较好地支持了理论模型的结论。Marston（1990）利用1980～1987年的批发价格指数和出口的离岸价格（FOB）[①] 指数的月度数据，对17种按照4位数分类的日本出口产业的依市定价问题进行了研究。结果表明，在研究的17个产业中，仅有两个产业（小卡车和照相机）的依市定价行为具有弱统计显著性。在一系列的文章当中，Knetter研究发现在大多数情况下出口商品单位价格对特定目的地国的汇率波动都是敏感的。比如，Gagnon和Knetter（1995）发现，日本的汽车出口商通过加成调整大约吸收了70%的汇率变化效应。

## 2.3 汇率传递的实证研究：从估计结果到计量方法

### 2.3.1 汇率传递实证研究的估计结果

随着汇率传递问题研究的深入，关于汇率传递的实证研究文献较为丰富，最早的可追溯到20世纪70年代。这些实证研究类别多样，既有对国别的比较研究，也有对不同产业或产品的研究；既有短期汇率传递弹性的估计，也有长期汇率传递弹性的测度；既有对进出口价格传递的估计，也有对一国通货膨胀和国内物价水平传递的估计。这些实证研究主要集中在对发达国家的贸易商品上，据Mennon（1995）对48篇汇率传递效应研究文献的统计分析发现，大多数是对美

① FOB是国际贸易中常用的贸易术语之一，FOB的全文是Free On Board，即船上交货，习惯称为装运港船上交货。离岸价格实际上是扣除运输费、保险费和关税成本后的净价格。

国和日本的数据进行分析；Goldberg 和 Knetter（1997）发现在 20 世纪 80 年代汇率传递效应研究也以对美国分析为主；此外，Griffith University（2001）在一篇博士论文中对 99 篇关于汇率传递的实证研究文献的统计更是发现，其中将近一半的文献都是以美国的进口或美国的出口为背景的。不过，近年来，随着对汇率传递问题关注度的不断提高以及研究的深入推进，对发展中国家和其他新兴市场经济体汇率传递效应研究的文献也开始大量出现。

大量关于汇率传递的实证研究主要出现于 20 世纪 80 年代中期以后。1985 年前后美元经历了大幅度升值和随后的贬值，很多实证研究发现美国的进口价格并没有发生明显的改变，美国的贸易赤字问题依然没有得到扭转。后来在对其他国家的研究中，也发现了类似的问题。如 Krugman（1987）分析 1980 ~ 1983 年美国的进口数据，发现在机械和运输部门，美元升值的 35% ~40% 没有反映在进口价格的下降上。Knetter（1993）的研究指出，以出口目的地国家货币计价的日本出口价格抵消了 48% 的汇率变动，相同情况下的英国和德国的出口价格则为 36%。Hooper 和 Marquez（1993）的研究得出，美国出口商的汇率传递系数是 85%，相比之下日本和欧洲的出口商是 50% ~70%。Goldberg 和 Knetter（1997）的研究表明，汇率贬值对 OECD 各国工业制成品进口价格的平均传递率为 0.5；Lee（1997）利用 1980 ~ 1990 年的季度数据，对韩国与 OECD 国家特定行业产品进口价格的汇率传递水平进行了估计，发现钢铁为 43%，而皮毛为 92%，平均为 38%。Nick Gigineishvili（2002）用格鲁吉亚 1998 年 8 月到 2001 年 6 月的月度数据检验汇率贬值与通货膨胀的关系，发现影响汇率传递的主要因素是国内初始价格水平、国内总需求、国外价格水平以及经济的季节性。实证结果显示，汇率每贬值 1%，CPI 在短期（1 个月）上升 0.21%，在长期上升 0.52%。Pollard 和 Coughlin（2003）运用行业水平的汇率来考察美国制造业部门进口价格的汇率传递，结果表明，在总制造业中汇率传递是不完全的，总制造业的传递率仅为 28%。Méjean（2004）通过对 6 个 OECD 国家 500 个最大的出口产业的汇率传递进行估计，研究了汇率变动对于其国际贸易价格的影响，发现在 40% ~50% 的出口国产业中，出口价格对于汇率波动是十分敏感的。Campa 和 Goldberg（2005）

利用1975～2003年的季度数据对OECD 23国的进口价格汇率传递效应进行了实证分析，结果表明，1975～2003年OECD 23国平均短期（一个季度）汇率传递系数为0.46，长期（四个季度）汇率传递系数为0.64。并且发现美国是其中传递率最低的国家，短期传递系数为0.25，长期传递系数为0.4，而同期德国的传递系数分别为0.6和0.8。Choudhri和Hakura（2006）通过对71个国家的实证研究发现，汇率传递程度与通货膨胀率存在很强的正相关关系，通货膨胀率较高的国家表现出较高的汇率传递弹性。

国内一些学者的研究基本上得出了相似的结论。卜永祥（2001）依照Corbo和McNelis的模型设定了价格方程，运用协整技术和Phillips－Hansen两阶段分析法研究了人民币汇率变动对国内物价水平的影响。实证结果表明，名义有效汇率贬值1个百分点，中国零售价格水平上升0.47个百分点，生产者价格水平上升0.53个百分点。范从来等（2003）的实证得出，名义有效汇率贬值1个百分点，消费者价格指数上升0.21个百分点。卜永祥和秦婉顺（2006）考察了中国的汇率传递水平和中国企业的定价行为。他们的实证研究通过分析包括石油、彩电、手表等9种商品的出口价格，发现9种出口商品的简单平均传递率为34%。杜晓荣（2006）研究了人民币汇率变动对美国进口价格的传递状况，发现汇率传递率仅为6%，反映出中国出口企业定价权极为微弱，也反映了美国竞争性市场结构的特征。鞠荣华和李小云（2006）实证分析了中国农产品出口价格的汇率传递情况，研究发现中国农产品出口价格的汇率传递率普遍较低，其中，具有较大市场份额的农产品出口价格的汇率传递程度相对较高，而市场份额小的农产品出口价格的汇率传递程度较低。马宇（2007）利用1999～2005年的年度数据，研究了人民币实际有效汇率变化对中国家电行业的出口价格传递效应，结果表明，汇率传递系数超过0.9，中国家电行业出口企业吸收了汇率变化对商品价格影响的6.5%。陈六傅、刘厚俊（2007）利用VAR模型的脉冲响应函数分析了人民币汇率波动对中国进口价格，特别是消费者价格的影响，研究表明1个百分点的汇率冲击最多只能引起进口价格指数0.008个百分点的变化，而对消费者价格指数来说，最多只能引起0.0076个百分点的变化。刘亚、李伟平等（2008）利用自回

归分布滞后（ARDL）模型研究了人民币汇率变动对以消费者价格指数衡量的国内通货膨胀的传递效应，研究发现在短期内，人民币汇率变动对 CPI 的传递系数为 0.023；从长期看，人民币汇率变动对 CPI 的传递系数为 0.027。

### 2.3.2 汇率传递实证研究的计量方法

随着计量经济学的发展以及对汇率传递问题理论研究的发展，基于不同的理论模型，关于汇率传递弹性的各种计量估计方法不断涌现，对汇率传递实证研究的计量方法变得日益丰富起来。

最早对汇率传递弹性的估计是基于弹性模型，认为不完全汇率传递是在完全竞争市场上价格缓慢调整的结果。因此，可以用贸易商品的价格弹性来直接计算汇率传递率。根据 Branson（1972）的推导，在完全竞争市场上，汇率传递弹性可直接用下式表示，即为：

$$(dP_{X,F}/P_{X,F})/(dE/E) = -1/(1-d_x/s_x)$$

诚然，最简单的也可以直接用汇率变化的百分比与价格变化的百分比之比来计算汇率传递弹性（Branson，1972；Kreinin，1977）。

随后的研究者多数使用标准的线性方程回归技术，主要使用一般最小二乘法（OLS）的估计技术（如 Hekie 和 Hooper，1986；Mann，1989 等）来研究汇率传递弹性问题。其他的一些估计方法如两阶段或三阶段最小二乘法（2SLS 或者 3SLS）也开始在一些估计模型中使用（如 Ohno，1989；Baldwin，1988 等）。

后来随着时间序列的经济计量模型的发展，研究者发现在传统的单方程估计模型中，由于许多宏观经济变量的时间序列往往是非平稳的，这就违背了最小二乘法的原始假设，从而可能出现 Granger 和 Newbold（1974）所指出的“伪回归”问题，不能得到一致的、无偏的、有效的估计量。研究者对汇率传递弹性的估计开始纷纷转向使用时间序列分析技术估计，使用的具体计量方法主要包括向量自回归模型（VAR）、协整与误差修正模型（Cointegration and Error Correction Model，通常简称 ECM 模型）、自回归分布滞后模型（ARDL）等，例如 McCarthy（2000）、Gueorguiev（2003）、陈六傅和刘厚俊（2007）、刘亚、李伟平和杨宇俊

（2008）等。

一般来说，在采用时间序列分析后，绝大多数文献首先要对数据进行变量平稳性检验，然后在此基础上再根据研究需要选择不同的时间序列计量模型。如在 ECM 估计时，就是在变量平稳性检验之后，对非平稳的单整序列变量进行协整检验，再建立误差修正模型从而去捕获变量之间的短期和长期的关系。

在各种时间序列分析技术中，向量自回归模型（VAR）是估计汇率传递弹性时最常采用的估计方法。这主要是因为 VAR 方法不仅能够较好地刻画变量之间的动态关系，而且其并不要求对设定的变量施加明确的理论约束（Mckenzie，1999）。在 VAR 方法使用时，许多研究者通常用脉冲响应函数（Impulse Response Function）来捕获汇率传递效应的动态过程，利用乔莱斯基（Cholesky）的方差分解（Variance Decompostion）技术来处理误差项。但是在使用 VAR 方法时，特别需要注意，脉冲响应函数将随模型中变量先后次序的改变而改变，为了保证研究结果的可靠性，必须要考察变量分解次序的稳健性（Mckenzie，1999）。

## 2.4 汇率传递的宏观经济效应研究

汇率传递的实证研究以及大量的实际数据都有力地表明，无论短期内还是长期内不完全汇率传递现象在世界范围内都是普遍存在的。自 20 世纪 90 年代中期以来，学术界对汇率传递问题研究的关注重点开始从不完全汇率传递的成因分析以及汇率传递弹性转向不完全汇率传递的宏观经济效应分析上来。大量理论研究表明，汇率传递弹性大小对一国宏观经济有不同的影响。汇率传递的宏观经济效应研究主要表现在汇率传递大小对一国汇率变动的支出转换效应、货币政策选择以及汇率制度选择等的影响。

### 2.4.1 汇率传递与支出转换效应

在开放经济条件下，汇率是联系国内外商品相对价格的重要媒介。汇率的变动可以改变国内外商品的相对价格，从而产生本国支出在国内外商品之间的转换，即产生支出转换效应。汇率变动引起的相对价格变动的幅度，即汇率传递弹性大小是影响汇率变动的支出转换效应大小的重要决定因素。在开放经济宏观经济学传统的分析框架中，如蒙代尔—弗莱明模型分析表明，汇率变动将引起进出口价格一对一的变动，即汇率对价格的传递是完全的，所以汇率具有弹性价格的调节功能，可以作为调节外部经济失衡的重要工具。例如通过本国货币的贬值，有利于扭转对外贸易逆差，改善国际收支。大量的理论和实证研究都表明汇率对价格的传递是很不安全的（McCarthy，2000），因此，汇率变动的支出转换效应大小往往并不是很明显，汇率贬值无法产生或较少地产生支出转换效应。

特别是在新开放经济宏观经济学框架下，由于黏性价格和不完全竞争的存在，汇率传递弹性大小受诸多因素影响。因此，汇率变动的支出转换效应大小是一个动态的一般均衡行为，是个人效用最大化、厂商利润最大化行为下两国产品市场、劳动力市场、货币市场以及国际金融市场相互作用的过程，而不是静态下单纯某个市场（产品市场或国际金融市场）局部均衡的结果。这种分析更贴近经济现实，更具有说服力和解释力。因此，从新开放经济宏观经济学视角来分析汇率传递与支出转换效应大小成为当前的发展潮流。向东（2004）、张春生和吴超林（2007）对这一问题做了较好的文献梳理。

### 2.4.2 汇率传递与货币政策选择

在开放经济中，由于外部冲击会影响国内经济，比如汇率冲击会引起国内一般物价水平和贸易收支变动，因此，汇率变动会影响一国货币政策实施的效果，央行在制定与实施货币政策时必须关注汇率变动问题。大量的理论文献研究表明，最优的货币政策选择取决于经济中的汇率传递弹性大小。如果汇率传递率较高，那么汇率冲击将对一国物价水平和贸易收支变动产生较大影响，从而使货币政策的制定与实施必须要考虑汇率冲击问题；相反，如果汇率传递率较低或者完全不传递，那么汇率冲击对一国物价水平和贸易收支的影响就非常不明显，货币政策的制定和实施就可以更多地关注内部经济的稳定性，从而为一国货币政策制定者提供了实施独立货币政策的空间和自由。例如 Choudhri 和 Hakura（2006）研究发现汇率传递效应与一国的通货膨胀正相关，他们指出这种相关关系导致一国能够较容易地实现低通货膨胀率的货币政策目标。Bergin 和 Feenstra（2008）研究指出，美国从采用固定汇率制度的国家（如中国）进口份额的提升会弱化汇率对美国进口价格的传递效应，从而这也使美国能够长期保持较低的通货膨胀水平。

Campa 和 Goldberg（2002）更是指出，名义汇率变动对进口价格的低传递导致国内经济的支出转换效应也很低，从而使得可以实施相对独立的货币政策来应付各种外部冲击。Devereux 和 Lane（2003）利用一般均衡黏性价格模型，进一步研究了不完全汇率传递下的最优货币政策，并分别评估了固定汇率规则、CPI 通胀目标规则和非贸易品通胀目标规则的货币政策规则，他们指出低汇率传递是通货膨胀目标制定成功的重要前提。

### 2.4.3 汇率传递与汇率制度选择

长期以来，浮动汇率制度与固定汇率制度孰优孰劣的争论一直在持续进行。与此同时，不同汇率制度选择的标准及标准本身的发展演变也在继续。汇率传递效应对于汇率制度选择也具有重要的政策含义。20 世纪 90 年代以来，在新开放经济宏观经济学的分析框架下，汇率传递与汇率制度选择问题逐渐成为许多研究者广泛关注和争论的焦点。

Devereux 和 Engel（2000）在预期效应最大化的理论框架下，分析价格黏性和不完全汇率传递情况下的汇率制度。他们研究发现，在 LCP 条件下，在面临具体的实际冲击时，固定汇率制度优于浮动汇率制度；而当实际冲击不显著以及一国的货币政策比较稳定的情况下，浮动汇率制度优于固定汇率制度。他们还指出，在 PCP 条件下，即使一国具有非常稳定的货币政策，但是由于汇率变动会对

预期消费产生直接影响，并导致福利损失，因此，该国永远不要选择清洁浮动。Betts 和 Devereux（2002）进一步指出，如果汇率变动对进口价格的传递是完全的，也即出口商采用 PCP 方式定价时，那么，在名义价格黏性的情况下，浮动汇率制度将是最优的政策选择；相反，在汇率传递弹性为零的情况下，也即出口商采用 LCP 方式定价时，名义汇率保持固定将是最优的政策选择。

## 2.5 本章小结

汇率和价格同为开放经济环境下的核心经济变量，也是两个关系极为密切的经济变量，汇率变动对经济影响的关键环节就是通过价格机制进而对其他经济变量发挥作用。因此，自从 20 世纪 70 年代浮动汇率制度实施以来，汇率传递问题一直是国际经济金融领域的研究热点。

汇率传递问题的研究文献较为丰富。本章从三个视角对汇率传递问题的文献进行了梳理和回顾。首先，是关于汇率传递的理论研究，对其从宏观模型到微观基础的分析范式转变的发展演进进行梳理，主要集中在不完全汇率传递的成因分析以及汇率传递弹性的决定因素研究；其次，是关于汇率传递弹性的经验估计和汇率传递计量方法的梳理，即主要是关于国别、产业或产品的短期、长期汇率传递率以及汇率传递弹性估计采用的计量方法；最后，是关于汇率传递弹性大小对一国货币政策执行、汇率制度选择、支出转换效应等宏观问题的影响。

通过文献梳理可以看出，各种理论和实证的分析对不完全汇率传递的决定提出众多因素的解读，还远远没有达成广泛的共识，而且对发展中国家和新兴市场经济体的汇率传递研究有待加强。汇率传递问题为我们研究和思考汇率与价格的关系问题提供了一系列的分析视角，特别是在新开放经济宏观经济学的分析框架下研究汇率传递问题对于我们更好地把握现实的宏观问题和微观问题都具有重要作用。

# 3 汇率—价格机制与贸易收支：理论演进与范式转换

汇率作为开放经济条件下衡量一国贸易商品的国际竞争力的重要指标，汇率变动会对一国贸易收支具有重要影响。而长期以来，国际贸易在世界经济中一直占据主导地位，一度被西方学者称为推动世界经济发展的“发动机”。贸易收支的变动是影响一国国际收支和经济发展的核心要素。关于汇率变动与贸易收支之间关系的研究历史悠久，并且一直是国际经济学领域研究的重要课题。本章通过对汇率变动与贸易收支之间关系研究的理论演进过程的梳理，利用新开放经济宏观经济学的分析范式，构建汇率传递与贸易收支变动的分析框架。

## 3.1 汇率变动与贸易收支：传统贸易收支调节理论

### 3.1.1 弹性分析法

弹性分析法以金本位制崩溃后的浮动汇率制为背景，是在马歇尔微观经济学和局部均衡分析方法的基础上发展起来的。它主要分析了一国当局所实行的货币贬值对该国贸易收支差额的影响，着重分析了在汇率贬值改善贸易逆差所需的弹

性条件和汇率贬值对于贸易条件（Term of Trade）[①] 的影响两个方面。这一理论最初由 A. 马歇尔（Afred Marshall）和 A. 勒纳（Abba Lerner）于 20 世纪初最先提出，以后又由 J. 罗宾逊（Jane Robinson）和 L. 梅茨勒（L. Metzler）在 20 世纪 30 年代做了进一步的发展。该理论认为，汇率贬值可以影响一国出口产品的相对价格，从而使出口量增加，同时降低进口量，进而缩小贸易收支的赤字，使贸易收支恢复到平衡（Robinson，1937）。货币贬值能否改善贸易收支，取决于进出口商品需求与供给的弹性。如果假定供给具有完全的弹性，那么贬值的效果就取决于需求的弹性。

马歇尔—勒纳条件（Marshall – Lerner Condition）认为，本币贬值改善贸易收支的充分必要条件为：出口商品的需求价格弹性与进口商品的需求价格弹性之和大于 1（Lerner，1946），即为：

$$\eta_x + \eta_m > 1 \tag{3-1}$$

这里，$\eta_x$、$\eta_m$ 分别表示出口需求价格弹性和进口需求价格弹性。

但 20 世纪 40 年代中期以前的实证分析结果显示，由于进出口需求弹性极低，不能满足马歇尔—勒纳条件，一国汇率贬值不能有效地改善贸易收支（Metzler，1948），从而出现了弹性悲观论（Elastieity Pessimism）。

1937 年 J. 罗宾逊（Robinson）在其《就业理论论文集》外汇篇中发展了弹性理论，着重研究了一国采取本币贬值政策时，进出口供求弹性对调节贸易收支平衡的作用。1948 年，另一位美国经济学家劳埃德·梅茨勒（Metzler）在《国际贸易论》一书中，对罗宾逊的理论学说进行了修订和补充，进而形成了弹性论中的又一个核心论点，即毕克迪克—罗宾逊—梅茨勒条件（Birkerdike – Robinson –

① 贸易条件又称为交换比价，一般可分为价格贸易条件、收入贸易条件和要素贸易条件，这里是指价格贸易条件，即指出口商品单位价格指数与进口商品单位价格指数之间的比例，用公式表示：$T = Px/Pm$。

其中，$T$ 为贸易条件，$Px$ 为出口商品单位价格指数，$Pm$ 为进口商品单位价格指数。贸易条件表示的是一国对外交往中价格变动对实际资源的影响。当贸易条件 $T$ 上升时，我们称该国的贸易条件改善，它表示该国出口相同数量的商品可换回较多数量的进口；当贸易条件 $T$ 下降时，我们称该国的贸易条件恶化，它表示该国出口相同数量的商品可换回较少数量的进口。因此，当贸易条件恶化时，实际资源将会流失。

Metzler Condition），认为本币贬值能否改善贸易收支以及能在多大程度上改善贸易收支，不仅取决于进出口商品的需求价格弹性，而且还取决于进出口商品的供给价格弹性。即当摒弃假设条件中贸易商品的供给完全有条件这一假定时，本币贬值改善贸易收支的毕克迪克—罗宾逊—梅茨勒条件就为：

$$\frac{\eta_x\eta_m(S_X+S_M+1)+S_XS_M(\eta_x+\eta_m-1)}{(\eta_x+S_X)(\eta_m+S_M)}>1 \tag{3-2}$$

其中，$S_X$、$S_M$ 分别表示出口供给价格弹性和进口供给价格弹性。

可以看出，当（3－1）式成立时，（3－2）式一定成立，但是如果马歇尔—勒纳条件不成立，只要 $\eta_x\eta_m$（$S_X+S_M+1$）$>S_XS_M$（$1-\eta_x-\eta_m$），（3－2）式仍然成立，货币贬值仍然可以改善贸易收支。所以，马歇尔—勒纳条件是毕克迪克—罗宾逊—梅茨勒条件的一个特例。

### 3.1.2 时滞分析法

弹性分析法主要是从静态的角度分析货币贬值对一国贸易收支的影响，是以局部均衡分析为基础的，而没有考虑到现实经济中时间因素对货币贬值效应的影响。一般而言，货币贬值后厂商会根据汇率的变化对其进出口商品的价格、产量等进行调整，但这种调整是一个动态的反应过程。如 Magee（1973）将这个过程分为货币合同期、价格调整期和数量调整期三个过程。

由于时滞效应的存在，本国货币贬值后，最初发生的情况往往正好相反，经常项目收支状况反而会比原先恶化，进口增加而出口减少。整个过程用曲线描述出来，成为字母 J 形。故在马歇尔—勒纳条件成立的情况下，贬值对贸易收支改善的时滞效应，被称为“J 曲线效应”（J－Curve Effect），如图 3－1 所示。其原因在于最初的一段时期内由于消费和生产行为的“黏性作用”，进口和出口的贸易量并不会发生明显的变化，但由于汇率的改变，以外国货币计价的出口收入相对减少，以本国货币计价的进口支出相对增加，从而造成经常项目收支逆差增加或是顺差减少。经过一段时间后，这一状况开始发生改变，进口商品逐渐减少，出口商品逐渐增加，使经常项目收支向有利的方向发展，先是抵消原先的不利影

响，然后使经常项目收支状况得到根本性的改善。这一变化过程可能会维持数月甚至一两年，可以根据各国不同情况而定。因此汇率变化对贸易收支的影响是具有“时滞”效应的。

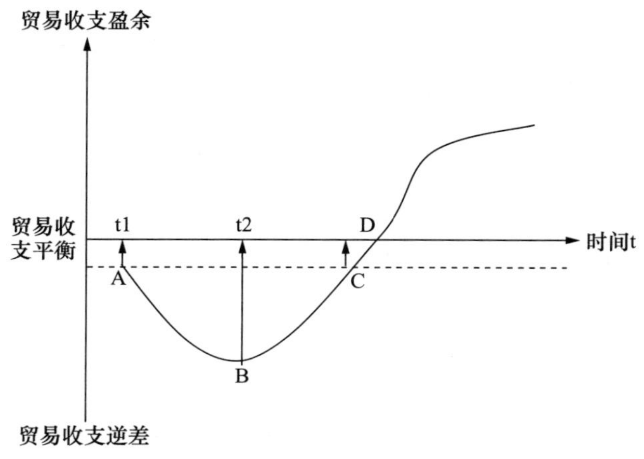


**图 3－1　J 曲线效应**

在 J 曲线效应图中，Bt2 > At1，表示贬值后贸易收支首先恶化，逆差扩大，然后，随着时间的推移，再经过 C 点和 D 点并得到改善。

根据以上分析我们可以看出，弹性分析法是建立在严格的假定基础之上，采用局部均衡分析的静态方法从微观视角对汇率变动的贸易收支效应进行解读。时滞效应分析法是对弹性分析法的一个修正和补充，考虑了汇率变动对贸易收支影响的时间滞后效应，认为其影响是一个动态调整过程。由于弹性分析法的严格假设条件和静态分析的缺陷，随后出现了从宏观视角对汇率变动的贸易收支效应进行研究的吸收分析法和货币分析法。

### 3.1.3　吸收分析法

吸收分析法（Absorption Approach）是从国民收入的产出与支出关系的角度来阐释汇率变动对贸易收支影响的理论。这里“吸收”即指支出，是指一国居民购买商品和劳务的总支出。因此，吸收分析法又称为支出分析法。1952 年，由詹姆士·爱德华·米德和当时在国际货币基金组织工作的西德尼·亚历山大

（Sidney Stuart Alexander）提出，它是在凯恩斯宏观经济学的基础上，从国民收入和总需求的角度，系统研究货币贬值政策效应的宏观均衡分析。它从凯恩斯的国民收入方程式入手，着重考察总收入与总支出变动对贸易收支的影响，并在此基础上，提出贸易收支调节的相应政策主张。

吸收分析法建立的理论基础是凯恩斯主义的宏观经济分析，它把经济活动视为一个互相联系的整体。该理论认为一国的贸易收支差额就是国民收入与国内吸收的差额，即为：

贸易差额 = 国民收入 - 总吸收 （3 -3）

贸易收支平衡就是总收入等于总吸收。贸易收支顺差意味着总收入大于总吸收。该理论认为：一国货币贬值要起到改善贸易收支的作用，必须满足以下两个条件：或者贬值可以带来本国收入的增加；或者贬值可以使本国的实际支出减少，也就是吸收减少。否则，贬值只会带来通货膨胀和其他经济问题。如果考虑国民收入的变动，则本币贬值可改善贸易平衡的条件是本币贬值引起的该国自主性贸易余额的改善超过因国民收入增加而带来的进口增加幅度，这也就是劳森—梅茨勒效应（Lausen - Metzler Effect）①。

### 3.1.4 货币分析法

货币分析法（Monetary Approach）是随着现代货币主义的兴起，在 20 世纪 70 年代中后期流行的一种利用货币主义学说研究贸易收支调节问题的理论。其代表人物是美国经济学家蒙代尔和约翰逊。货币分析法继承了休谟的思想②。货

① 姜波克．国际金融学［M］．北京：高等教育出版社，1999.

② 1752 年英国哲学家 D. 休谟在《政治论丛》中提出了所谓“物价—现金流动机制”，阐述了在国际金本位制下各国贸易收支具有自发调节的功能。他认为如果一个国家的贸易收支出现逆差，那么国际储备就会下降，从而减少本币供给，而本币供给的减少将降低本国价格水平，使本国商品更具竞争力，从而增加出口，减少进口以改善贸易收支，这个过程一直保持到贸易逆差消失为止。同时，休谟也认为，汇率变动本身也可以通过价格机制的作用自动调节贸易收支，当一国出现贸易逆差时，贸易逆差会使该国货币汇率下跌，从而刺激了该国货物的出口也抑制了他国货物的进口，最终改善了国际收支。而且，如果一国贸易逆差使得该国货币下跌至铸币的输出点以下时，就会引起国际黄金流动，造成该国国内货币数量的减少，引起物价和收入下跌，从而使出口增加，进口减少，最终纠正贸易逆差。

币分析法是从货币数量论出发，强调决定一国国际收支的主要因素并不是实际的国民收入和支出，而是货币的供需量的变化，即货币调节在诸调节因素中居首要地位。一国要保持贸易收支的均衡与稳定，就必须使货币供给的增加与真实国民收入的增长保持在一致的水平上。货币供应与需求之间的不协调导致贸易收支的失衡。国内货币需求过度或供给不足，导致贸易收支顺差或国际储备增加；国内货币供给过度或货币需求不足，导致贸易收支逆差或国际储备减少。因此，货币分析法认为贸易收支的失衡是一种货币现象，无论是在固定汇率制度下还是在浮动汇率制度下，都可以通过货币市场的内在自动调节机制恢复平衡，这个自动调节过程如图 3－2、图 3－3 所示。

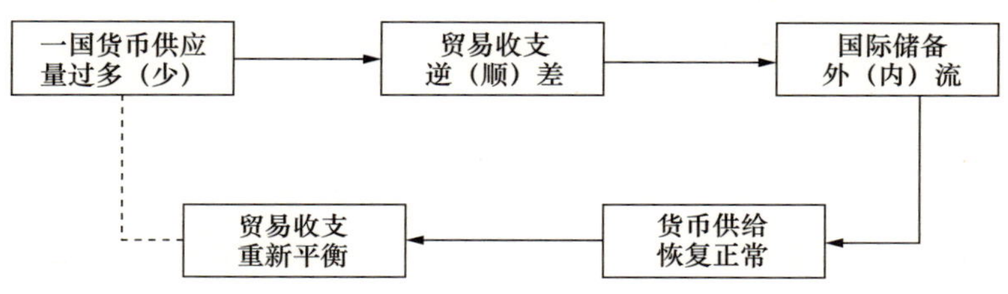


**图 3－2　固定汇率制度下的自动调节过程**

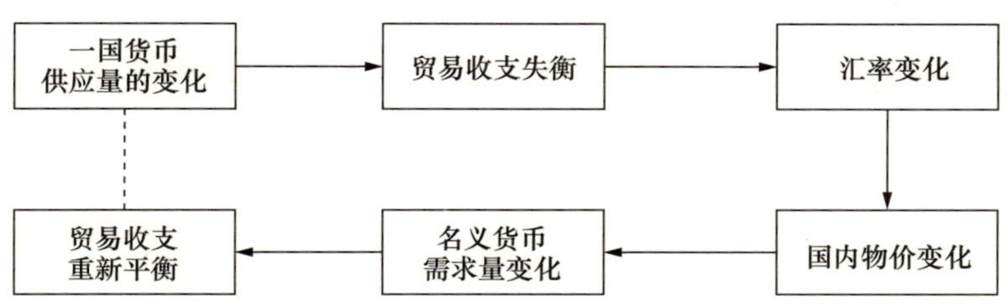


**图 3－3　浮动汇率制度下的自动调节过程**

货币分析法认为在价格完全弹性，资本在世界市场完全流动，一国国内货币供给不影响产出、利率的前提下，货币贬值是否能改善国际收支，主要取决于一国国内实际货币供求的变化。

# 3.2 汇率变动与贸易收支：开放经济宏观经济学分析范式

## 3.2.1 蒙代尔—弗莱明模型分析视角

“二战”以后，随着世界经济一体化和全球化进程的不断加快，世界各国的经济联系和经济交往日益密切和频繁。理论研究和宏观政策的决策都迫切需要建立一个分析开放经济下的内外均衡与宏观政策调控的理论体系，在开放经济的框架下来分析一国的宏观经济问题。在此背景下，Mundell（1963）和 Fleming（1962）几乎同时开创性地将国际贸易和资本流动引入 IS – LM 模型，建立了一个开放经济的宏观经济学模型，即著名的蒙代尔—弗莱明模型（简称 M – F 模型）。

蒙代尔—弗莱明模型是把凯恩斯宏观经济理论基础上的封闭经济的 IS – LM 模型扩展到开放的经济条件下，因此，它继承了凯恩斯的思想，模型假定资本完全自由流动，短期内价格具有完全黏性。货币政策的效果取决于汇率制度和资本流动的程度。例如在固定汇率和资本完全流动的条件下，由于央行的干预和资本的自由流动，利率和汇率都是固定不变的，央行通过利率变动影响投资进而影响产出水平的货币政策是无效的，而财政政策却是有效的①。因此，在蒙代尔—弗莱明模型的分析框架下，实际上是假定完全竞争、价格充分弹性和购买力平价成立。根据一价定律和购买力平价理论，汇率冲击将会迅速并完全地传递到进出口商品价格水平上，因此，汇率传递是完全的和及时的。在这种情况下，汇率变

① 这是由于在资本完全自由流动的情况下，利率保持不变，进而利率稳定消除了财政政策的挤出效应从而使其有很好的政策效果。

动的支出转换效应就是完全的。从而一国货币的贬值有利于进口减少，出口增加。

### 3.2.2 多恩布什模型分析视角

20 世纪 70 年代，多恩布什（Dornbusch，1976）在蒙代尔—弗莱明模型的理论框架基础之上，对蒙代尔—弗莱明模型进行修正和扩展，分析了汇率、利率和其他经济变量之间的关系。他主要是放弃了弹性价格的假定，假定短期内价格黏性，但一价定律长期仍然成立，并引入预期因素，将资产市场和商品市场调整速度不一致的特点结合进蒙代尔—弗莱明模型之中。这样，其构建的新的分析框架就形成了多恩布什模型，也经常被称为蒙代尔—弗莱明—多恩布什传统（以下简称 M－F－D 传统）。多恩布什模型的重要贡献就是解释了汇率超调（Overshooting）现象，即当货币扩张时，货币市场可以瞬时出清，从而汇率在短期内的贬值幅度会低于其长期内的均衡水平。此外，该模型还分析了货币扩张动态过程的特点及其对经济产生的影响①。

根据多恩布什模型，货币市场可以瞬时出清，短期内其调整速度快于商品市场，汇率水平会出现短期超调现象，高于长期均衡水平。因此，汇率冲击带来货币贬值时，商品市场价格短期黏性使得短期内支出转换效应存在，有利于改善贸易收支。但在长期内，由于该模型仍假定一价定律成立，短期价格黏性在回复长期均衡水平后，支出转换效应就消失了，长期内汇率变动贸易收支影响是不明显的。

此外，Branson 和 Rotemberg（1980）利用蒙代尔—弗莱明模型的分析框架，结合实际工资黏性，说明了货币政策在浮动汇率制度下实效的问题。

总的来看，传统的贸易收支调节理论，即上述的弹性分析法、时滞效应分析法、吸收分析法和货币分析法等贸易收支调节理论各自从不同视角论述了汇率变动与贸易收支之间的关系。其中，弹性分析法和时滞效应分析法是从微观视角展

① 王胜．新开放经济宏观经济学理论和研究［D］．武汉大学博士学位论文，2005.

开阐述的，弹性分析方法研究了在进出口价格弹性作用下汇率变动对贸易收支的影响，时滞效应分析法是在此基础上发展而来的时滞理论，也是对弹性分析法的修正和补充；吸收分析法和货币分析法是基于宏观经济学的理论分析框架，建立在一般均衡分析的基础之上，吸收分析把贸易收支调节与国内经济状况联系起来，从汇率贬值对国民收入和国内吸收的相对影响中来考察贬值对贸易收支的影响，而货币分析法仅仅把贸易收支本质上看作是一种货币现象，决定贸易收支的关键是货币需求和供给之间的关系。虽然它们采用了一般均衡的分析方法，但主要都是基于宏观视角的分析，缺乏微观基础，而汇率变动与贸易收支的关系则是非常具体的（赵大平，2007），而且它们对汇率变动与贸易收支之间的关系进行了过于抽象的概括，缺乏理论的严谨性，其论述的主要是长期均衡因素。因此，吸收分析法和货币分析法在实践应用层面具有很大的局限性。弹性分析法和时滞效应分析法主要是采用了局部均衡的分析方法，具有很强的微观基础，而且分析过程具有严格的前提假设，论述非常严谨，从实践应用的角度来看很具有分析价值。但是，不管是马歇尔—勒纳条件也好，还是毕克迪克—罗宾逊—梅茨勒条件也好，其实都隐含着一个重要的假设，即一价定律和购买力平价理论成立，汇率波动对进出口价格的传递效应是完全的。这就忽略了汇率变动与贸易收支之间联系的“黑箱”，即汇率—价格机制的作用。

而传统的开放经济宏观经济学模型，即蒙代尔—弗莱明模型和蒙代尔—弗莱明—多恩布什模型大都从宏观层面上分析汇率变动对贸易收支的影响，没有立足于微观个体行为基础上来考察汇率变动对微观变量和宏观总量的影响，其分析与推导过程中简化掉了个体行为，割裂了微观基础对宏观总量的决定性影响①，而且其假定基本上都是建立在一价定律和购买力平价理论成立的基础之上，但是许多研究都表明现实经济中对一价定律和购买力平价的偏离已经成为常态。因此，很大程度上传统开放经济宏观经济学对汇率变动与贸易收支之间关系的研究就丧

① 著名的卢卡斯批判认为宏观经济变量变动时会影响微观经济个体的决策，从而导致宏观变量之间的关系发生改变，这样缺乏微观基础的宏观政策分析就会产生偏差。

失了现实解释力和理论信服力。

## 3.3 汇率变动与贸易收支：新开放经济宏观经济学分析范式

随着国际经济环境变迁以及宏观经济学理论的发展，特别是蒙代尔—弗莱明—多恩布什模型内在缺陷导致其对现实解释力的巨大偏差，20 世纪 90 年代以来，在重构传统开放经济宏观经济学微观基础的背景下，新开放经济宏观经济学开始逐步兴起，从而指出了宏观经济研究中微观经济学基础的重要性。

1995 年，Obstfeld 和 Rogoff 在《政治经济学期刊》上发表了题为《汇率动态回顾》（*Exchange Rate Dynamics Redux*）的论文，开创性地将名义价格黏性和不完全竞争引入动态一般均衡分析，构建了一个具有坚实微观基础的开放经济动态一般均衡模型，并奠立了新开放经济宏观经济学的理论基石。此后的 10 多年内，许多学者对 Redux 模型进行了扩展，将工资黏性、非贸易品、不同货币定价、不完全金融市场及不确定性等微观理论融入模型，从而使得新开放经济宏观经济学得到了巨大的发展，这就为其分析经济主体行为奠定了坚实的微观基础。

新开放宏观经济学不仅将微观基础融入到宏观经济分析之中，而且名义价格黏性和不完全竞争的假定更贴近现实，从而对现实问题具有更强的解释力，成为目前国际经济学研究的主导方法。新开放经济宏观经济学也为汇率变动对贸易收支的影响研究提供了一个新的分析范式。理论和实证表明，微观基础影响汇率变动的贸易收支效应，微观基础与假设条件不同，汇率变动对贸易收支的影响也不同（张春生和吴超林，2007）。

### 3.3.1 不同货币定价分析视角

许多学者如 Obstfeld 与 Rogoff，Betts 与 Devereux 等将市场分割和依市定价引入新开放经济宏观经济学模型，研究不同货币定价时，汇率变动对贸易收支的影响情况。当市场处于分割状态且不存在国际商品套利时，出口商可以根据出口市场的不同而制定不同的价格，出口商品可以选择生产者货币定价或者消费者货币定价。

当出口商选择按照 PCP 定价时，即按照出口商本国货币定价，因此，进口国的消费者面对的价格在短期内与名义汇率的变化是完全一致的，出口商国家的货币贬值对出口价格具有完全传递功能，此时货币贬值对贸易收支的影响取决于两国进出口商品替代弹性，当满足马歇尔—勒纳条件时，货币贬值可以改善贸易收支。

当出口商选择按照 LCP 定价时，即按照出口目的地市场货币定价，因此，进口国的消费者面对的价格在短期内是固定不变的，与汇率的变化无关，出口商国家的货币贬值对出口价格影响为零，货币贬值对消费者不产生支出转换效应，但改善了本国的贸易条件，本国的相对收入就会增加。在跨期替代弹性作用下，本国的消费也相对增加，如果进出口需求弹性之和小于 1，贸易收支改善；如果进出口需求弹性之和等于 1，贸易收支不变；如果进出口需求弹性之和大于 1，贸易收支就会恶化。

当一部分出口商选择 PCP 定价，另一部分出口商选择 LCP 定价时，货币贬值就只有部分价格传递功能，货币贬值能否改善贸易收支就取决于跨期替代弹性与进出口商品替代弹性的对比。当进出口商品替代弹性小于跨期替代弹性时，消费增长大于收入增长，货币贬值会使贸易收支恶化；当进出口商品替代弹性大于跨期替代弹性时，消费增长小于收入增长，货币贬值会使贸易收支改善；当进出口商品替代弹性等于跨期替代弹性时，消费增长等于收入增长，且贸易不变。

在随机的一般均衡模型中，出口商按照利润最大化目标进行标价货币的选择。汇率波动的方差越大，出口商越倾向于采用生产者货币定价；当汇率和边际

成本相关性较大时，出口商则倾向于采用消费者货币定价。

### 3.3.2 市场结构分析视角

新开放的宏观经济学假定市场是不完全竞争的，即市场处于垄断竞争的格局，这比较接近于现实情况。在不完全竞争市场中，不同的市场结构对汇率变动的贸易收支效应是不一样的。当货币贬值时，市场结构可以影响出口商品价格对汇率冲击的调整速度，进而通过影响货币贬值的支出转换效应影响贸易收支变动。

在市场集中度较高，产品差异程度较大，市场进入壁垒较大的市场结构情况下，出口商在市场上的垄断能力越强，其在国际市场上的市场份额就越高，市场势力也就越大，出口商采用生产者货币定价的可能性就越高，当发生汇率冲击的情形时，价格调整的速度就越慢，货币贬值幅度越大，而且贬值的时间越长，如果马歇尔—勒纳条件成立，那么支出转换效应就可最大程度地发挥，从而使货币贬值可以改善贸易收支。

相反，在市场集中度较低，产品差异程度较小，市场进入壁垒较小的市场结构情况下，市场的竞争程度越低，相应地出口商的垄断能力就越弱，其在国际市场上的市场份额可能就越低，市场势力就越小，出口商采用消费者货币定价的可能性就越高，当发生汇率冲击的情形下，价格通常是较为稳定的，受汇率冲击的影响就越小，即使马歇尔—勒纳条件成立，汇率变动的支出转换效应也很难发挥作用，汇率贬值改善贸易收支的空间就越小。

### 3.3.3 其他微观基础分析视角

运输成本对汇率变动的贸易收支效应的影响。贸易商品的最终销售价格通常包括一定比例的国际间的运输成本。正是运输成本导致了一价定律不成立。因为，即使进口品是国内产品的完全替代品，但由于运输成本造成进口品价格偏高，消费者仍偏向于国内产品。因此，汇率的变动在一定的区间内并不改变消费者的选择，运输成本的存在就降低了汇率变动的支出转换效应，从而弱化了汇率变动对贸易收支的影响。汇率变动的支出转换效应大小就取决于运输成本的大小，这在一定程度上也就决定了汇率变动的贸易收支的效应大小。

非贸易服务对汇率变动的贸易收支效应的影响。贸易商品的最终消费价格除了国际间的运输成本之外，还包括商品从进口商到消费者手中的供应链上的一系列分销成本，如分销网络、广告、售后服务和国内物流成本等，而这些都是非贸易项。汇率的变动只会部分地影响消费者购买成本，而不会对这些非贸易服务价格发生影响。这样非贸易服务的存在就降低了汇率变动的支出转换效应。进一步来说，非贸易服务成本占总消费成本的比例决定了其对汇率变动的支出转换效应的减弱程度，进而决定了汇率变动对贸易收支效应的影响。

国内外中间产品的替代弹性对汇率变动的贸易收支效应的影响。随着世界经济一体化的发展，很多企业在全球范围内构建其生产网络，将部分生产环节进行跨国的外包，中间产品占世界贸易的比重也越来越大。假设国内出口商制造最终产品进行出口，但可以选用国内中间产品，也可以选用国外中间产品。国内外中间产品之间的替代弹性就取决于它们的相对价格变动。假定中间品的定价采用PCP 方式，当出口商国家的货币升值时，国外中间产品价格变得相对便宜，出口商就倾向于采用国外中间产品进行生产，从而降低了其生产成本，这也就在一定程度上可能弱化了最终产品出口的汇率传递效应，从而在汇率升值的情况下，贸易收支仍能保持顺差。

此外，在新开放经济宏观经济学的分析框架下，还可以从货币需求的消费弹性、消费者偏好、劳动供应弹性、贸易品与非贸易品之间的替代弹性等方面考察汇率变动的贸易收支效应，由于篇幅所限，这里不再一一分析。

## 3.4 汇率—价格机制与贸易收支变动：汇率传递分析范式

从以上分析我们可以看出，20 世纪 90 年代以来建立的新开放经济宏观经济学对汇率变动的贸易收支效应的分析纳入了宏观经济问题分析的微观基础，而且它的一些假定比较符合现实，从而克服了以往汇率变动与贸易收支关系研究的缺陷，可以看作是以往汇率变动对贸易收支影响研究以及开放宏观模型的综合和扩展。新开放经济宏观经济学对汇率变动与贸易收支之间关系的分析更贴近经济现实，且更具有说服力、解释力和生命力。经济现实也有力地证明了这一点。20世纪60年代美元贬值且无法改变美国的贸易收支现象，特别是80年代以来，浮动汇率制下汇率大起大落而进出口价格却相对稳定的事实，使传统的贸易收支调节理论和传统的开放经济宏观经济学对汇率变动的贸易收支效应分析都黯然失色。

因此，从新开放经济宏观经济学理论分析框架下研究人民币汇率变动对贸易收支的影响应该是一个较好的选择。迄今为止，由于新开放经济宏观经济学还没有建立统一的微观基础，也没有建立一个将所有影响因素都纳入考察的统一模型（王胜和邹恒甫，2006），因此，新开放经济宏观经济学对汇率变动的贸易收支效应的分析没有形成统一的认识，有关的观点相对较为零散、不够系统。但是，从以上分析也可以看出，新开放经济宏观经济学对汇率变动的贸易收支效应的分析几乎都可以归结到其对汇率传递效应的分析上来，也即是说，汇率传递弹性大小是影响汇率变动的支出转换效应大小的重要因素，进而是影响贸易收支效应的重要因素。因此，可以利用新开放经济宏观经济学的分析框架，从汇率传递视角考察汇率变动对贸易收支的影响。这也许是新开放经济宏观经济学对这一问题给出的最好启示。分析汇率变动的贸易收支效应问题，必须要重点研究汇率变动与贸易收支联系的中间环节—汇率—价格机制及其反应过程，即要研究汇率传递问题。

正如文献回顾中所提到的那样，很多经验分析的结果显示，汇率变动对进出口价格的传递在短期内和长期内都是不完全的（Knetter，1989；Goldberg 和 Knetter，1997 等）。Taylor（2000）更是指出，在全球竞争压力提高和稳定的低通货膨胀的经济环境中，企业难以将汇率变动对价格的影响完全传递到出口商品上。在这种情况下，我们需要剖析汇率—价格机制这个“黑箱”，对汇率变动与贸易收支之间的关系寻求更为合理的解释。

一般来说，汇率变动首先会通过汇率—价格机制的传递作用引起进出口商品价格变动，进而通过价格机制形成的收入效应（Income Effect）和替代效应（Substitution Effect）的综合作用引起进出口商品的数量发生变动，最终在进出口商品价格和数量变动的共同作用下引起贸易收支变动，如图 3 –4 中的①、②、③三个过程所示。我们可以看出，在这个反应过程中，汇率变动能否影响贸易收支以及能在多大程度上影响贸易收支的变化，主要取决于两个因素：第一个因素是由汇率变动引起的进出口商品单位价格的变化，即汇率传递的程度和速度；第二个因素是由进出口价格变化引起的进出口商品数量的变化。

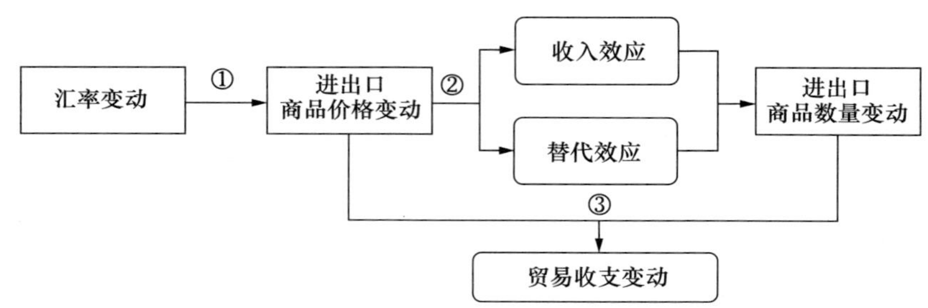


图 3 –4　汇率—价格机制与贸易收支变动的传导过程

这里，我们以货币升值为例并根据图 3 –4 所示进一步简要阐述汇率—价格机制与贸易收支变动的响应过程。假定某一经济体中受到外生冲击的影响，出现本币升值，这一本币升值冲击首先会通过汇率传递机制反映在进出口商品价格变化上来，可能会导致以外币表示的出口商品价格上涨，以本币表示的进口商品价格下降。出口商品价格上涨的结果会形成价格变化的收入效应和替代效应，假设在名义收入不变的条件下，收入效应导致国外的消费者实际收入减少，会减少从本国进口商品的消费量；而替代效应会使国外的消费者在所购买的其国内商品和从本国进口商品的消费组合中，由于其国内商品相对于从本国进口商品更加便宜，从而会增加其国内商品额需求，减少从本国进口商品的需求。收入效应和替

代效应综合作用的结果可能会减少从本国进口商品的需求量，从而抑制本国出口。根据同样的分析范式，我们可以得出进口商品价格下降的结果会形成价格变化的收入效应和替代效应，收入效应和替代效应综合作用的结果可能会增加从国外进口商品的需求量，从而促进本国进口。在本国进出口商品价格变化和数量变化的共同作用下，可能会使本国的贸易收支恶化。

然而，在现实的世界中，汇率—价格机制并不是完全有效的，汇率传递往往是不完全的，即汇率变动并没有一对一地反映在进出口商品价格水平变化之中，那么汇率变动的支出转换效应将大大受到掣肘，一国的贸易流量和价格变化对汇率变动就表现得不敏感，这就有可能出现“货币大幅升值与贸易顺差大幅上升并存”这一汇率中断（Exchange Rate Disconnect）之谜。不完全汇率传递揭示了汇率变动对贸易收支影响的有限性，从而对浮动汇率制下汇率波动幅度增大而贸易却快速增长的现象提供了一种合理的解释。因此，我们可以看出，研究汇率变动对贸易收支的影响必须要关注汇率—价格机制过程中的汇率传递问题，这是汇率变动能否影响贸易收支的逻辑起点和核心要素。即使完全排除时滞效应的影响，从长期来看，由于多种因素存在，汇率—价格机制仍然并非完全有效，不完全汇率传递现象仍是普遍存在的，从而导致汇率变动对贸易收支的影响并不像贸易收支调节理论所分析的那样具有确定性。汇率变动能否改善贸易收支以及在多大程度上能够改善贸易收支，可能就主要取决于汇率传递的弹性大小。因此，本书认为研究人民币汇率变动对中国贸易收支的影响，更重要的是研究人民币汇率传递效应的速度和程度，特别是要研究人民币不完全汇率传递问题。

## 3.5 本章小结

汇率变动与贸易收支变动关系密切。汇率变动对贸易收支的影响一直是国际经济学研究的重要命题。传统的贸易收支调节理论（即弹性分析法、时滞效应分析法、货币分析法和吸收分析法）以及传统开放经济宏观经济学的蒙代尔—弗莱明模型、蒙代尔—弗莱明—多恩布什模型由于大都从宏观层面上对汇率变动的贸易收支效应进行分析，这就有可能出现卢卡斯批判问题，它们割裂了微观基础对宏观经济总量的决定性影响，从而在很大程度上很难解释经济现实，也缺乏理论的信服力。而20世纪90年代发展起来的新开放经济宏观经济学融入了价格黏性、不完全竞争等微观基础建立动态的一般均衡模型，分析汇率变动对贸易收支的影响更贴近现实经济，内容更加丰富，且更具有现实解释力和理论信服力。而新开放经济宏观经济学对汇率变动的贸易收支效应的分析几乎都可以归结到其对汇率传递效应的分析上来，也即是说，汇率传递弹性大小是影响汇率变动的支出转换效应大小的重要因素，进而是影响贸易收支效应的重要因素。因此，从新开放经济宏观经济学分析范式来看，若想研究汇率变动对贸易收支的调节作用，就必须要研究汇率—价格机制过程中的汇率传递。

一般来说，汇率变动首先会引起进出口商品价格的变动，进而引起贸易流量和贸易收支的变动。汇率变动能否影响贸易收支以及能在多大程度上影响贸易收支的变化，主要取决于两个因素：一是由汇率变动引起的进出口商品单位价格的变化，即汇率传递的程度和速度；二是由进出口价格变化引起的进出口商品数量的变化。传统的贸易收支条件理论在分析汇率变动对贸易收支的影响时具有一定程度的局限性，特别是弹性分析法实际上是假定一价定律和购买力平价理论成立，汇率的变化会一对一地反映到进出口商品价格变化上来，进而产生汇率变动的支出转换效应。然而，现实世界并非如此，不完全汇率传递是一个普遍现象。汇率变动能否影响贸易收支以及在多大程度上影响贸易收支，可能关键就在于汇率变动怎样影响进出口商品价格，即汇率传递弹性大小。

# 4 人民币汇率、对外贸易与经济增长：经验事实

自1978年以来的经济改革和对外开放政策，使中国对外经济联系和经济交往越来越频繁、密切，中国从一个传统的自给自足、相对封闭的经济体发展成为世界上对外贸易依存度最高的经济体之一，对外贸易成为造就中国经济增长奇迹的重要推动力量。在这个过程中，中国渐进式的人民币汇率改革有力地支持了对外开放政策，是实现对外贸易壮大发展和经济增长的必要条件。汇率变动对整个国民经济和人们日常生活的影响也越来越重要，汇率成为重要的经济杠杆。

## 4.1 汇率、对外贸易与经济增长的一般关系

汇率作为一国货币的对外价格，是一国进行对外经济活动时最重要的综合性价格指标。汇率在国际贸易和其他对外经济活动时执行着价格转化职能，是一种重要的经济杠杆。汇率不但是一个影响与外部经济世界交往的变量，还会影响内部的稳定与增长，它是联系内外部均衡的桥梁（姜波克等，2004）。一般而言，经济增长理论强调资本、劳动、技术等是直接影响经济增长的因素。而在开放经济条件下，汇率作为核心经济变量进入宏观经济模型（如著名的蒙代尔—弗莱明模型），汇率变动通过对贸易余额和国际收支等发生传输作用进而对一国宏观经

济产生重要影响，汇率是影响经济增长的核心因素之一。一个国家如果汇率安排不当，往往会给该国的经济增长埋下巨大隐患。因为汇率失调会直接影响一国的国际竞争力，从而间接地对经济增长产生重大影响。Obstfeld（2002）认为，在一个经济体中最重要的资产价值就是汇率，汇率变动则会调整一国贸易部门和非贸易部门的生产要素价格，促使这些要素从使用效率较低的部门流向使用效率较高的部门，从而影响一国的经济增长。一般说来，汇率、对外贸易与经济增长的一般关系可用图 4－1 简单表示如下：

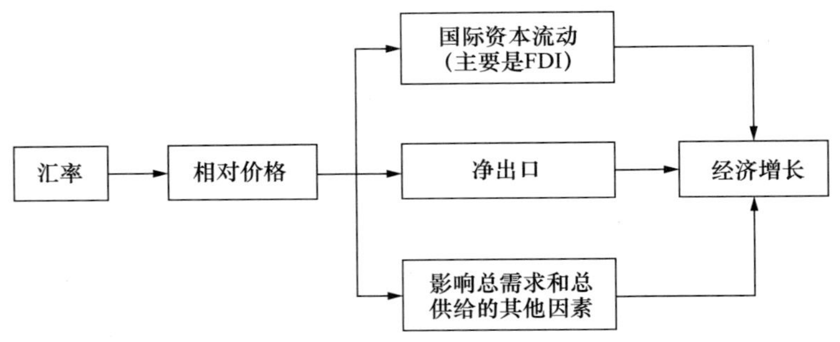


**图 4－1　汇率、对外贸易与经济增长的关系**

汇率作为一国货币相对于另一国货币的价格，也是一种资产价格。汇率在支出决策中具有重要作用，汇率使我们能够比较不同国家的商品和服务的相对价格。汇率的变动首先会影响国内外商品服务价格和资产价格的相对变动，进而这种相对价格的变动会引起对外贸易、国际资本流动以及其他非贸易的传输效应。如图 4－1 所示，一般来说，汇率对经济增长的影响主要通过以下三种渠道发挥作用：第一，汇率变动会改变国内外商品和服务的相对价格，进而影响国内外企业的相对竞争力，从而引起贸易收支的变动，而贸易收支特别是净出口是拉动经济增长的原动力，如以出口导向高速发展的“东亚奇迹”更是把这种拉动力量发挥到淋漓尽致的地步①，成功实现了工业化。第二，汇率变动会改变国内外资产和要素的相对价格，从而引起资本在国际间的逐利流动。一方面，随着跨国公司的发展，其对生产要素的套利使国际产业转移引起国际直接投资（FDI）的发展，这会直接形成FDI流入国的投资规模增长，成为拉动实体经济增长的又一动力；另一方面，国际投资资本的流入会推动资本流入国资产价格的上涨，而资产价格上涨会进一步刺激实体经济投资规模的增长，从而带动经济增长。第三，汇率变动会改变国内外商品和服务的相对价格，而相对价格的改变可能对储蓄、货币需求、进口投入品的价格以及工资等产生影响②，这些因素的变动会影响总需求和总供给的调整，从而影响经济增长。

诚然，从另一角度来看，经济增长往往又对汇率产生巨大的反作用。在经济高速增长时期（特别是对那些出口导向型国家），生产率提高相对较快和经常项目出超往往会引起本国货币升值。如著名的巴拉萨—萨缪尔逊效应假说（Balassa - Samuelson Hypothesis，BSH）③ 就是指在经济增长率越高的国家，工资实际增长率也越高，实际汇率的上升也越快的现象。当贸易产品部门（制造业）生产效率迅速提高时，该部门的工资增长率也会提高。国内无论哪个产业，工资水平都有平均化的趋势，所以尽管非贸易部门（服务业）生产效率提高并不大，但是其他行业工资也会以大致相同的比例上涨。这会引起非贸易产品对贸易产品的相对价格上升。我们假定贸易产品（按外汇计算）的价格水平是一定的话，这种

---

① 许多亚洲国家在过去的20年中（除了1997～1998年的金融危机）普遍经历了成功的飞跃，如著名的“亚洲四小龙”（韩国、中国台湾、中国香港和新加坡）在过去的20年中，其年均增长率超过了6%。世界银行将这种通过特别是向发达国家出口工业品来发展本国工业方式发展的国家称为高速发展的亚洲经济（HPAEs）。

② 理查德·E. 凯弗斯，杰弗里·A. 法兰克尔，罗纳德·W. 琼斯. 世界贸易与国际收支（第九版）[M]. 北京：中国人民大学出版社，2005.

③ “巴拉萨—萨缪尔逊效应假说”首先由巴拉萨在1964年发表于美国《政治经济学评论》上的《购买力平价学说的重新评估》一文中提出的，是指在经济增长率越高的国家，工资实际增长率也越高，实际汇率的上升也越快的现象。在巴拉萨的论文发表的同一年，诺贝尔经济学奖获得者萨缪尔逊也在发表于美国《经济和统计评论》的《贸易问题理论短论》中提出了相同的论点。因此，后来的学者把由于一个国家的可贸易部门和不可贸易部门劳动生产率的相对变动可能导致这个国家真实汇率变动的理论假说称为“巴拉萨—萨缪尔逊效应假说”。

相对价格的变化在固定汇率的条件下，会引起非贸易产品价格的上涨，进而会引起一般物价水平的上涨。如果为了稳定国内物价而采取浮动汇率的话，则会引起汇率的上升。无论哪种情况都会使实际汇率上升。另外，在经济快速增长期间，外国资本的持续流入也会引起货币升值。

## 4.2 人民币汇率变迁与中国对外贸易发展

改革开放以来，中国对外贸易取得了长足发展，规模不断扩大，在世界进出口贸易中所占的份额越来越大，对外贸易成为缔造中国奇迹的主要推动力量。中国对外贸易发展战略的成功得益于一系列的开放政策和改革措施的顺利实施，这其中符合实际的人民币汇率是对外贸易改革成功的必要条件（余淼杰，2008）。改革开放30多年来，人民币汇率总体上经历了不断贬值到基本趋于稳定的渐进调整过程，这种汇率调整有力地支持了中国比较优势战略的成功实践，对中国的对外贸易流量、对外贸易结构和贸易余额等都产生有利的重要影响。

### 4.2.1 人民币汇率制度改革与汇率变迁

改革开放以来，中国在对外贸易实践中实际上奉行了“出口替代战略”和“出口导向战略”。人民币汇率政策是中国进口替代战略和出口导向战略乃至宏观经济政策的重要组成部分，改革开放30多年来，通过渐进式灵活的人民币汇率制度改革，人民币实现了从官定汇率向市场汇率、固定汇率向浮动汇率安排的转变。

总的来看，随着国内政治经济形势的变化，人民币汇率制度改革大致经历了四个不同阶段。在这个过程中，人民币汇率水平总体上经历了从螺旋式贬值、基本保持稳定再到2005年7月汇改以来稳中有升的渐进调整过程（如图4-2、图4-3所示）。目前来看，人民币汇率形成的市场化程度日益提高，

人民币汇率弹性逐步趋于增强，长期困扰外贸发展的汇率高估及螺旋式贬值问题逐步化解。

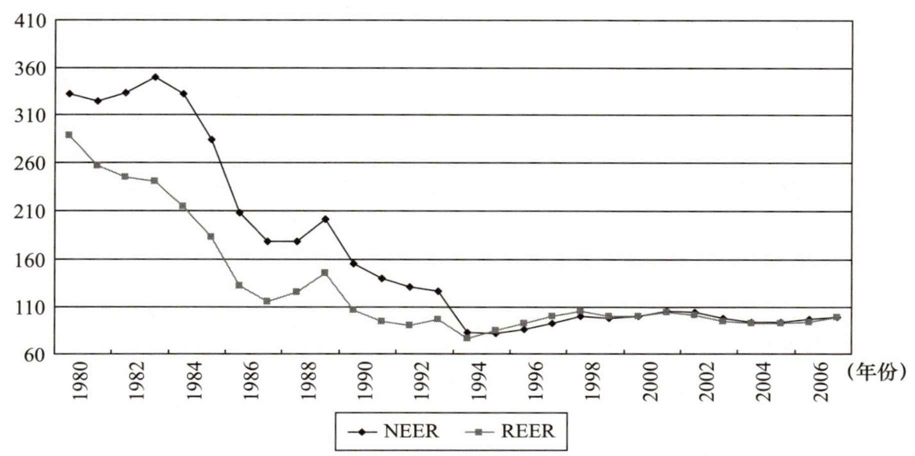


**图 4－2　1980～2007 年人民币汇率指数走势图**

资料来源：IMF 国际金融统计 CD－ROM 数据库，以 2000 年＝100 为基期。

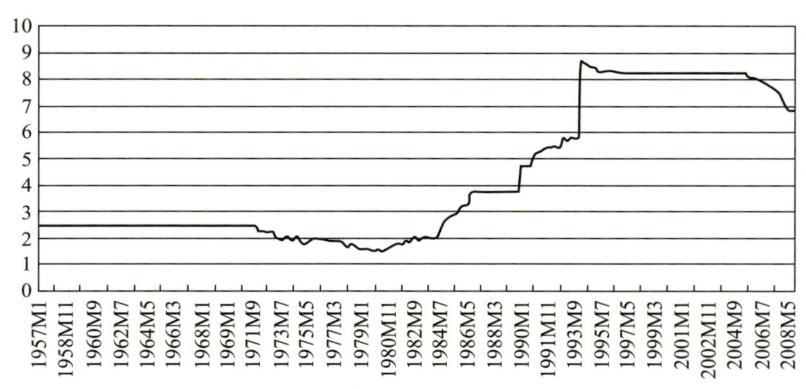


**图 4－3　1957 年 1 月至 2008 年 5 月人民币兑美元汇率走势图**

资料来源：转引自管涛在“纪念改革开放 30 周年暨中国汇率制度改革回顾与展望学术研讨会”开幕式上的主题演讲《人民币汇率机制改革回顾与展望》，2008 年 11 月 29 日，上海财经大学。

#### 4.2.1.1 官方汇率与贸易外汇内部结算价并存（1981～1984年）

改革开放之初，由于人民币汇率制定的依据和方法的调整①，人民币对美元的汇率由1973年1美元兑换2.2673元人民币调整至1980年底的1美元合1.5元人民币，人民币升值幅度达到50%，人民币被高估，这一汇率水平明显对出口不利。外贸体制改革与人民币汇率高估的矛盾迅速显现，比如1979年全国平均出口换汇成本②为2.41元，出口企业按官方牌价只能得到1.555元（见表4-1），人民币升值恶化了中国的外汇收支，导致外汇储备下滑。在这种背景下，为了发展对外贸易，进出限入、促进经济核算并适应外贸体制改革的需要，1979年8月国务院颁发了《关于大力发展对外贸易增加外汇收入若干问题的决定》，决定从1981年1月1日起除继续保留人民币的公开牌价，适用于非贸易收支外，另行规定一种适用于进出口贸易结算和外贸单位经济效益核算的汇率，即贸易外汇内部结算价，简称内部结算价。

**表4-1 1975～1979年出口换汇成本与人民币官方汇率**

| 年份 | 出口换汇成本 | 官方汇率 |
|---|---|---|
| 1975 | 2.96 | 1.8598 |
| 1976 | 3.27 | 1.9414 |
| 1977 | 2.78 | 1.8578 |
| 1978 | 2.53 | 1.6836 |
| 1979 | 2.41 | 1.5550 |

资料来源：张辉．汇率制度与国际贸易政策互动研究［M］．北京：中国金融出版社，2008.

① 从1973年开始，我国制定人民币汇率的原则改为参照国际市场汇率变化情况随时调整。制定人民币汇率的依据和方法也由过去的“物价对比法”改为“一篮子货币”的计算方法，即选取与中国贸易相关的若干种可兑换货币，根据其重要程度以及政策的导向，制定不同的权重，并加权计算出人民币汇率。参见：王广谦主编．中国经济改革30年：金融改革卷［M］．重庆：重庆大学出版社，2008.

② 出口换汇成本是指在国际市场上换得1美元所支出的国内的人民币成本（包含一定的利润），即用多少人民币换回1美元，低换汇成本是出口贸易的内在动力因素。一般情况下的计算公式为：

出口换汇成本 = 出口商品总成本（人民币元）÷出口商品外汇净收入（美元）

这里的出口商品总成本，包括进货（或生产）成本、国内费用（储运、管理、预期利润等，通常以费用定额率表示）及税金；出口商品外汇净收入指的是扣除运费和保险费后的FOB（离岸价）外汇净收入。

同时，人民币公开牌价继续沿用原来的一篮子货币加权平均的计算方法。由于1980年之后美元汇率不断升值，人民币官方汇率不断贬值，人民币兑美元官方汇率由1981年1月的1.5元调至1984年底接近2.8元。内部结算价是由平均出口换汇成本再加上10%的利润换算而成的。最初的内部结算价为1美元兑换2.8元人民币，即根据1978年全国平均出口换汇成本2.53元再加上10%计算得来。之后一直到1984年，贸易外汇内部结算价没有变动。内部结算价的实施与官方汇率相比，实际上是对人民币实行了贬值，这在一定程度上鼓励了出口、抑制了进口，加上其他外贸体制改革政策的实施，使得1981~1984年中国外贸盈余大幅增长，从而外汇储备迅速增长，1980年外汇储备余额仅为-12.96亿美元，而1983年外汇储备余额就达到1950年以来的最高点，高达89.01亿美元。

在美元贬值的国际背景下，监管当局逐步下调官方汇率，而内部结算价没有变动，因此，到1984年12月人民币官方汇率与内部结算价已经非常接近。再加上由于双重汇率带来的一系列弊端逐步显现，1985年1月1日取消了内部结算价，恢复单一汇率，汇率为1美元兑换2.8元人民币。

#### 4.2.1.2 官方汇率与外汇调剂价格并存（1985~1993年）

1985年1月1日，中国取消内部结算价之后，虽然实现了第一次汇率并轨，但是由于中国外汇调剂业务的迅速发展①，继而形成了相应的外汇调剂市场和外汇调剂价格，因而出现了官方汇率和外汇调剂价格（又称为市场汇率）并存的新的双重汇率制度。从严格意义上说，外汇调剂市场并不是真正的、规范化的市场，它只是一种初级形态的外汇市场。官方汇率与外汇调剂价格的并存，是特定

① 为改革统收统支的外汇分配制度，调动创汇单位的积极性，扩大外汇收入，改进外汇资源分配，我国从1979年开始实行外汇留成制度。即在延续外汇由国家集中管理、统一平衡、保证重点的同时，实行贸易和非贸易外汇留成，区别不同情况，适当留给创汇的地方和企业一定比例的外汇。留成外汇的用途须符合国家规定，有留成外汇的单位如本身不需用外汇，可以通过外汇调剂市场卖给需要外汇的单位使用。1980年10月起开始由中国银行独家办理外汇调剂业务。为鼓励出口，1985年国家又一次提高外汇留成比例，外汇留成比例的提高，促使贸易企业对外汇调剂市场的供求随之增大。为此，1985年12月我国在深圳成立了外汇交易所，改变了多年来由中国银行办理外汇调剂业务的模式。随后，相继在其他经济特区也设立了外汇交易所。外汇调剂市场汇率日益成为当时补偿出口亏损、促进出口增长的重要手段。之后，其他一系列改革措施的推出使外汇调剂业务迅猛发展。具体请参见：王广谦主编．中国经济改革30年：金融改革卷［M］．重庆：重庆大学出版社，2008.

历史条件下产生的计划汇率向市场汇率过渡的形式，双轨制的存在具有其一定的历史必然性。汇率双轨制推动了人民币汇率的进一步贬值。

从1985年1月1日取消内部结算价后，中国为了消除汇率高估，促进出口，改善贸易收支，1985年以后人民币官方汇率继续向下调整，其间有四次较大的调整：①1985年10月，从1美元兑2.80元人民币下调至1美元兑3.20元人民币，人民币贬值幅度为12.5%；②1987年7月5日，人民币汇率下调到1美元兑3.7036元人民币，人民币贬值幅度为13.6%；③1989年12月16日，人民币汇率下调到1美元兑4.7221元人民币，人民币贬值幅度为21.56%；④1990年11月17日，人民币汇率下调到1美元兑5.2221元人民币，人民币贬值幅度为9.57%。这几年人民币汇率下调主要是依据全国出口平均换汇成本上升的变化，其目的是使人民币官方汇率接近出口平均换汇成本，有利于出口，这也充分说明其间的汇率政策是服务于和支持对外贸易发展需要的。通过调整促使人民币长期高估的状况有所改变。由于物价上涨在一定程度上抵消了人民币汇率的下调，人民币实际汇率水平依然偏高，从1991年4月开始，人民币官方汇率又逐步小幅下调，到1993年底下调约为1美元兑5.72元人民币。虽然经过数十次的微调，但仍然赶不上出口换汇成本和外汇调剂价格的变化。其结果是，1993年上半年，中国进口同比增长23.2%，而出口仅增长4.4%，外贸出现逆差，外汇储备下降。

由于外汇留成比例提高和外汇调剂中心的纷纷成立，外汇调剂业务迅速发展。据统计，在1994年汇率并轨之前，中国外汇收入中的80%已经处于市场汇价调剂的范围之内。但随着外汇调剂市场的不断发展，市场汇价对经济发展的影响也越来越大。外汇调剂市场汇率按照调剂市场供求状况浮动，波动较大。同时由于外汇调剂市场相互分隔，导致各地调剂市场汇率不尽相同，这种状况刺激了外汇投机交易，导致外汇调剂价格大幅波动。但总体来看，外汇调剂市场价格同官方汇率一样，1988~1993年不断下跌，由1美元兑5.7元人民币贬值到1993年5月的1美元兑11.20元人民币。之后，在国家加强宏观调控和中国人民银行对外汇调剂市场的干预下，迫使外汇调剂价格在1993年7月以后到1993年底大

致稳定在 1 美元兑 8.72 元人民币左右。

4.2.1.3　单一的、有管理的浮动汇率制度（1994～2005 年）

随着中国经济体制改革的深入，特别是外贸体制改革以及对外开放步伐的加快，官方汇率和外汇调剂市场价格并存的双重汇率制，造成了人民币两种对外价格和核算标准，既不利于外汇资源的有效配置，也不利于市场经济的进一步发展。1993 年 11 月 14 日，十四届三中全会通过的《中共中央关于建立社会主义市场经济体制若干问题的决议》中提出，“改革外汇管理体制，建立以市场供求为基础的有管理的浮动汇率制度和统一规范的外汇市场，逐步使人民币成为可兑换货币”。1993 年 12 月，国务院正式颁布了《关于进一步改革外汇管理体制的通知》，为此，中国人民银行公布了《关于进一步改革外汇管理体制的公告》，决定于 1994 年 1 月 1 日起对外汇管理体制进行重大改革，进一步发挥市场机制的作用，为中国加入世界贸易组织和实现人民币可兑换奠定了基础。其主要内容包括：一是实现汇率并轨，实行以市场供求为基础的、单一的、有管理的浮动汇率制度；二是实行银行结售汇制度，取消外汇留成和上缴，逐步实现经常项目下人民币自由兑换①；三是建立统一的银行间外汇市场，并以银行间外汇市场所形成的汇率作为中国人民银行公布的人民币汇率的基础，改进汇率形成机制，保持合理及相对稳定的人民币汇率。

1994 年 1 月 1 日，人民币官方汇率与外汇调剂价格在当时调剂市场汇率的价位上实行了并轨，人民币官方汇率由 1993 年 12 月 31 日的 1 美元兑换 5.80 元人民币，一次性贬值 50%，下浮至 1993 年 12 月 31 日的调剂市场汇率 1 美元兑换 8.70 元人民币。此后，人民币汇率结束了长达 16 年的贬值过程，1994～1997 年，以每年 2%～3% 的幅度小幅向上浮动，至 1997 年达到了 1 美元兑换 8.28 元人民币的水平。之后，基本在 1 美元兑换 8.27 元人民币的水平左右窄幅波动②。

① 1996 年 12 月 1 日起，中国接受国际货币基金组织（IMF）第八条款，实现经常项目的完全可兑换。

② 当然，这其中一个重要原因与 1997 年 7 月爆发亚洲金融危机，东南亚国家货币大幅贬值，为了维护负责任大国的形象，中国政府宣布人民币不贬值，并且 1999 年初又宣布保持人民币汇率稳定措施有关。

1999年1月至2002年，汇率变动的标准差仅为0.0011①。以至于IMF将1987年10月至1998年9月30日的人民币汇率安排归为“管理浮动制”，而在1999年实行新汇率制度分类方法时把当时中国的汇率制度界定为“盯住单一货币的固定汇率制”，实际上即盯住美元。

4.2.1.4 参考一篮子货币、有管理的浮动汇率制度（2005年至今）

1994年以后，特别是为应对1997年亚洲金融危机，中国政府采取了事实上有管理无浮动的盯住美元的汇率制度，并保持了汇率的超稳定性，加上一系列刺激出口的政策措施和中国经济的稳定发展，对外贸易依存度不断提高，国际收支保持双顺差，且形成巨额外汇储备。对外贸易摩擦不断加剧，2002年底以后，日本、美国和欧盟等先后向中国政府发难，指责中国操纵汇率，要求中国改革汇率形成机制，迫使人民币升值。

在此背景下，2005年7月21日19时，中国人民银行发布公告，宣布实行新一轮的人民币汇率形成机制改革。中国开始实行以市场供求为基础、参考一篮子货币进行调节、有管理的浮动汇率制度，标志着中国向人民币汇率制度的市场化、国际化迈出了重要一步。这一改革是继1994年汇率并轨以来，针对国内经济发展和国际形势需要，按照主动性、可控性、渐进性的原则，中国汇率形成机制迈向市场化的又一重大改革。与此同时，结合新汇率制度的运行特点和市场主体规避汇率风险的需要，及时出台了一系列促进外汇市场发展的政策措施，如外汇远期交易业务推出等。新体制运行以来，人民币汇率小幅双向波动，市场弹性不断增强，保持了在合理、均衡水平上的基本稳定。

2005年7月21日，美元对人民币交易价格调整为1美元兑8.11元人民币，一次性升值2%，作为次日的中间价，并逐步扩大汇率浮动区间，人民币汇率弹性不断增强，每日最大浮动幅度已扩大至0.5%。人民币汇率形成机制改革以来，总体来看人民币对世界上主要货币都呈现小幅升值态势。其中，人民币对美元汇率和英镑汇率保持单边稳步升值的态势，升值幅度明显，对日元、欧元汇率

① 唐国兴，徐剑刚．现代汇率理论及模型研究［M］．北京：中国金融出版社，2003.

走势有升有降，对欧元略有升值，而对日元略有贬值①（如表4－2所示）。

**表4－2　2005年7月汇改以来人民币汇率中间价升值情况**

| | 汇改前汇率水平 | 目前汇率水平 | 累计升值幅度（%） |
|---|---|---|---|
| 人民币/美元 | 8.2765 | 6.8357 | 21.08 |
| 人民币/欧元 | 9.9914 | 9.7569 | 2.40 |
| 人民币/英镑 | 14.8833 | 10.3106 | 44.35 |
| 人民币/日元 | 7.3132 | 7.6092 | －3.89 |

注：汇改前汇率水平以2005年7月20日的人民币汇率中间价为基准，其中人民币对英镑汇率以2006年8月1日为基准，目前汇率水平以2008年12月19日的人民币汇率中间价为基准。

资料来源：根据中国人民银行网站公布的数据整理而得。

按照国际清算银行公布的人民币名义有效汇率和实际有效汇率指数来看，从2005年7月至2008年11月，按照贸易权重计算，参考一篮子货币计算的人民币名义有效汇率累计升值19.71%，人民币实际有效汇率累计升值25.06%，升值幅度明显，如图4－4所示。

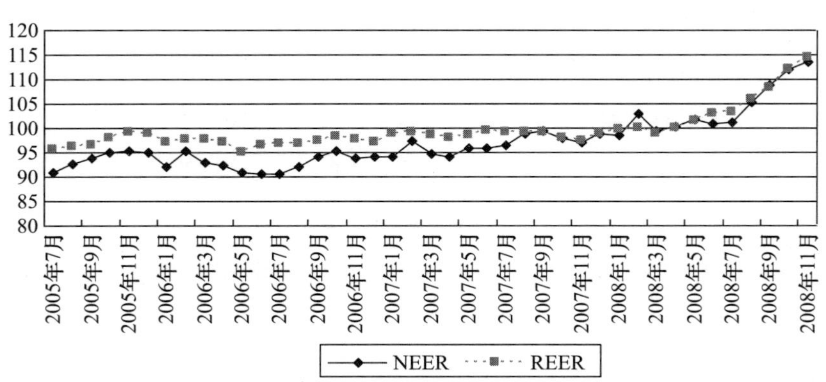


**图4－4　2005年7月汇改以来人民币有效汇率指数变动情况**

资料来源：国际清算银行网站（www.bis.org），以2000年＝100为基期。

① 这主要表现在进入2008年10月以来，随着国际金融危机的影响不断加深，日元汇率连续走强所致。

## 4.2.2 中国对外贸易发展[①]

对外贸易是一国参与国际经济合作与竞争的重要方式和渠道，是中国对外经济关系中最重要的内容，是中国对外开放的核心内容与出发点。在经济全球化的时代，对外贸易在一国经济中的地位和作用变得日益重要。改革开放 30 多年来，通过符合实际的人民币汇率安排，主要是从 1978 年末改革开放以来螺旋式的渐进贬值、基本保持稳定，再到 2005 年 7 月汇改以来稳中有升的渐进调整过程为对外贸易发展奠定了必要的基础和条件，再加上一系列对外开放政策和对外改革措施的成功实施，中国对外贸易发展取得巨大成功，可以说造就了一个新的历史奇迹，中国对外贸易的发展模式举世瞩目，并成功推动了国民经济的持续和稳定增长。

4.2.2.1 对外贸易规模不断增长

2007 年中国进出口贸易总额从 1978 年的 206 亿美元猛增到 21737 亿美元，增长了 104 倍。其中，出口总额从 98 亿美元增加到 12178 亿美元，增长了 123 倍；进口总额从 109 亿美元增加到 9560 亿美元，增长了 87 倍。1979 ~ 2007 年进出口贸易年均增长 17.4%，其中出口年均增长 18.1%，进口年均增长 16.7%。自 1950 年起的 58 年历程中，中国进出口贸易总额突破 200 亿美元用了 29 年，从 200 亿美元到 5000 亿美元用了 23 年，从 5000 亿美元到 1 万亿美元用了 3 年，从 1 万亿美元到 2 万亿美元也仅用了短短的 3 年时间。特别是 2002 ~ 2007 年入世这 6 年，进出口贸易总额合计已超过 1978 ~ 2001 年即从改革开放到入世之前 23 年的总和（如图 4 – 5 所示）。进出口贸易的快速增长不断地提升中国在世界贸易中的位次，改革开放初期位居第 32 位，2004 ~ 2007 年稳居第 3 位。占世界贸易总额的比重由 1978 年的不到 1% 提高到 2007 年的近 8%，成为名副其实的贸易大国。其中，2007 年出口额占世界出口总额的比重提高到 8.8%，世界排名跃居到第 2 位；进口额占世界进口总额的比重也提高到 6.7%，位居世界第 3 位。

① 本节部分数据主要引自国家统计局网站“改革开放 30 年经济社会发展系列报告”，下节同。

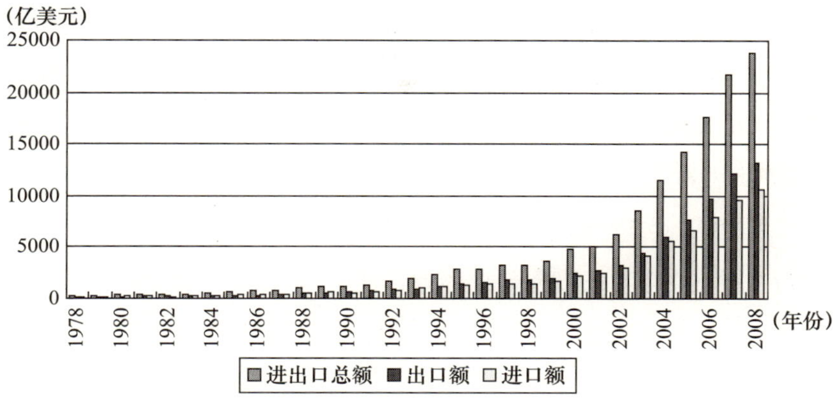


**图 4－5　1978～2008 年中国货物贸易进出口总额**

资料来源：《中国贸易外经统计年鉴（2008）》、商务部网站。

特别是 2005 年汇改以来，在人民币不断升值的同时，中国对外贸易继续保持平稳较快发展，进出口总额和贸易顺差屡创历史新高。在汇改以来（2005 年 7 月至 2008 年 9 月）的 39 个月中，进出口总体保持单边增长态势，并且全部实现月度货物贸易顺差，如图 4－6 所示。

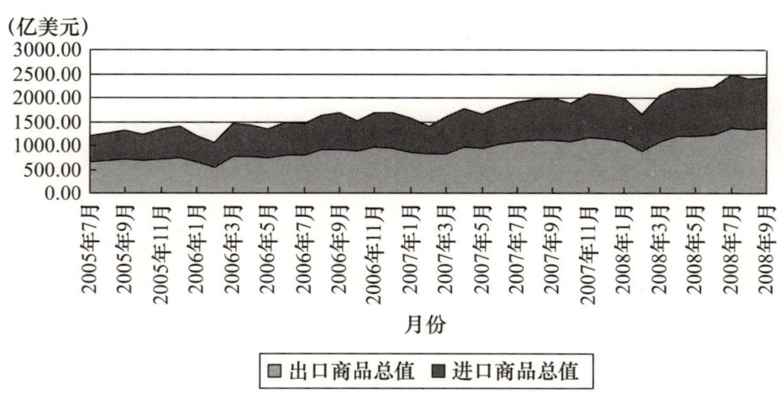


**图 4－6　2005 年 7 月至 2008 年 9 月中国月度进出口总值**

资料来源：国家外汇管理局、中华人民共和国商务部。

在经常项目长期保持顺差的同时，资本项目也实现长期顺差，特别是外商直接投资（FDI）增长迅速。1983 年中国吸收外商直接投资仅 9. 16 亿美元，2007 年已达到 748 亿美元，24 年增长了 81 倍；截止到 2007 年底，全国外商直接投资累计超过 7700 亿美元，年均增长速度为 20. 1%，远高于同期中国国民经济增长速度。中国从 1993 年起已经连续 15 年成为吸收外资最多的发展中国家。30 多年来，经常项目和资本项目长期保持双顺差，使中国从一个外汇捉襟见肘的国家一跃成为世界第一大外汇储备国。2007 年中国外汇储备从 1978 年仅有的 1. 67 亿美元迅速扩大到 1. 5 万亿美元。1979 ~ 2007 年，中国外汇储备共增加 15267 亿美元，年均增加 526 亿美元。

4. 2. 2. 2　对外贸易结构不断优化

结构问题往往比总量问题更重要。对外贸易结构关系到对外贸易发展的质量、效益和竞争力。改革开放 30 多年来，中国对外贸易结构不断得到优化。对外贸易结构不断优化对中国经济结构调整、技术进步和产业升级产生了极大的促进作用。

进出口商品结构不断优化特别是通过主动参与经济全球化，中国成功实现了向比较优势与竞争优势相结合的出口模式转变，出口结构随着要素禀赋结构转变而提高，实现由初级产品出口为主向工业制成品出口为主转换。30 多年间，中国出口商品结构完成了四次重大跨越。20 世纪 80 年代实现从农产品为主向工业品为主的转变；80 年代中期实现从初级产品为主向工业制成品为主的转变；90 年代中后期实现由轻纺产品为主向机电产品为主的转变；进入 21 世纪以来进一步向 IT 等高新技术产品为主转变。1978 年初级产品出口占 53. 5%，工业制成品出口占 46. 5%。2007 年初级产品和工业制成品所占比重进一步转变为 5. 1% 和 94. 9%，工业制成品占据了中国出口商品的绝对主导地位。在工业制成品出口中，机电产品占出口总额的比重持续提高，1994 年为 26. 4%，2007 年则达到 57. 6%。高新技术产品占出口总额的比重，2000 年为 14. 9%，2007 年则提高到 28. 6%。从进口商品结构看，为满足国民经济快速发展和工业化、现代化进程的需要，在进口商品结构中，资源、基础原材料等初级产品所占比重明显扩大，机

电产品和高新技术产品快速增长。

贸易市场结构不断优化，贸易地理方向日趋多元化。改革开放以来，中国的贸易伙伴已达220多个，贸易市场多元化格局已逐步形成。特别是随着经济全球化与区域经济一体化的发展，中国与美国、欧盟、日本三大经济体的贸易合作蓬勃发展，对东盟、俄罗斯、印度等新兴市场的开拓取得较大进展，与其他贸易伙伴往来发展较快。

外贸经营主体结构日趋多元化。外贸体制改革打破了垄断格局①，调动了地方、部门和其他发展外贸的积极性。特别是1992年以后大批外商投资企业进入外贸经营领域，国有企业一枝独秀的局面被打破。现在国有企业的出口占比不到1/5，进口占比不到1/4。外资企业已经占据进出口总额的58%以上，民营企业从以前微乎其微的比例上升到21%，超过国有企业。

## 4.3 对外贸易与中国经济增长

对外贸易与经济增长的关系一直是国际经济学和发展经济学关注的重要命题。大量的理论研究和实证分析都表明，对外贸易特别是出口贸易对经济增长有着正向推动作用。早在20世纪30年代，美国经济学家罗伯特逊（D. H. Robertson）就提出对外贸易是“经济增长的发动机”的命题。之后许多的新古典经济增长理论和贸易理论都不同程度地认为对外贸易不仅能带来直接的或静态的利益，而且能带来间接的或动态的利益。实证研究大多都支持了这一论断。如Balassa（1978）采用横截面数据分析了10个国家的出口贸易与经济增长的关系，得出“出口引致经济增长”的结论。国内学者对中国对外贸易与经济增长的研

① 改革开放之前，中国对外贸易由12家国有外贸公司垄断，这些公司在国内以计划价格收购用于出口的商品，在国际市场上以国际价格买卖商品，在中国国内市场上以计划价格销售进口商品。

究也都得出了相似的结论。林毅夫和李永军（2003）通过同时考察出口增长对经济增长的直接和间接推动作用，估计出20世纪90年代以来中国的外贸出口每增长10%，基本上能够推动GDP增长1%。曾国平和张清翠（2008）利用1997～2006年的季度数据研究表明，人民币实际汇率、进出口贸易和经济增长存在稳定的均衡关系，经济增长与进出口贸易之间具有显著的双向因果关系。其他学者（余剑，2005；于香，2007；杨蔚和李维，2008等）关于中国数据的实证研究结果大致相同。

从经验数据上来看，改革开放30多年来，中国国民经济保持了长期、高速、稳定增长。1979～2007年，中国国民经济年平均增长9.8%，比同期世界经济平均发展水平快6.8个百分点（如表4－3所示）。30年来，中国的GDP总量翻了6番。1978年，中国国内生产总值（GDP）只有3645.2亿元，到2007年达到249529.9亿元（如图4－7所示）。中国人均国内生产总值在由1978年的381元上升到1987年的1112元后，到2007年攀升至18934元，除去价格因素，2007年比1978年增长近10倍，年均增长8.6%。人均国民总收入也实现同步快速增长，由1978年的190美元上升至2007年的2360美元。按照世界银行的划分标准，中国已经由低收入国家跃升至世界中等偏下收入国家行列。

**表4－3　1978～2007年世界主要国家和地区经济增长率比较**　　单位：%

| 国家和地区 | 1978年 | 1979年 | 1990年 | 2000年 | 2006年 | 2007年 | 1979～2007年平均增长率 |
|---|---|---|---|---|---|---|---|
| 世界总计 | 4.4 | 4.2 | 2.9 | 4.1 | 3.9 | 3.8 | 3.0 |
| 美国 | 5.6 | 3.2 | 1.9 | 3.7 | 2.9 | 2.2 | 2.9 |
| 欧元区 | 3.1 | 3.9 | 3.6 | 3.9 | 2.7 | 2.6 | 2.2 |
| 日本 | 5.3 | 5.5 | 5.2 | 2.9 | 2.2 | 2.1 | 2.4 |
| 中国 | 11.7 | 7.6 | 3.8 | 8.4 | 11.6 | 11.9 | 9.8 |
| 中国香港 | 8.5 | 11.6 | 3.9 | 8.0 | 7.0 | 6.4 | 5.6 |
| 韩国 | 9.3 | 6.8 | 9.2 | 8.5 | 5.1 | 5.0 | 6.4 |
| 新加坡 | 8.5 | 9.4 | 9.2 | 10.1 | 9.4 | 7.7 | 7.1 |

续表

| 国家和地区 | 1978 年 | 1979 年 | 1990 年 | 2000 年 | 2006 年 | 2007 年 | 1979～2007 年平均增长率 |
|---|---|---|---|---|---|---|---|
| 马来西亚 | 6.7 | 9.3 | 9.0 | 8.9 | 5.9 | 5.7 | 6.2 |
| 印度 | 5.7 | -5.2 | 5.5 | 4.0 | 9.7 | 9.0 | 5.7 |
| 俄罗斯 | — | — | -3.0 | 10.0 | 7.4 | 8.1 | 0.1[①] |
| 巴西 | 3.2 | 6.8 | -4.3 | 4.3 | 3.7 | 5.4 | 2.7 |

注：本文中国数据均来自于国际组织；

资料来源：转引自国家统计局网站《改革开放 30 年报告之一：大改革 大开放 大发展》。

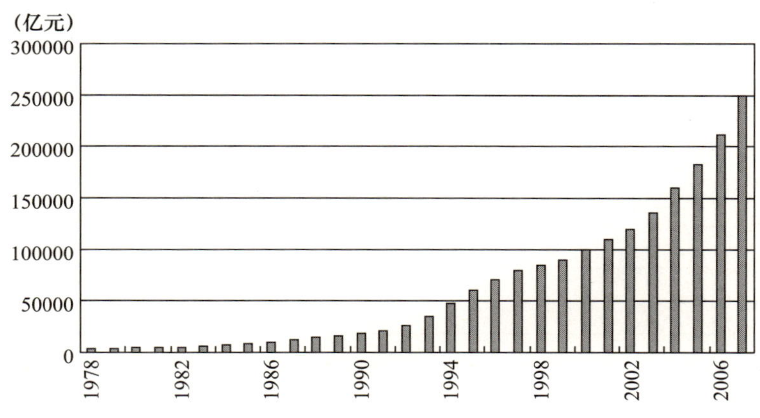


**图 4－7　1978～2007 年中国 GDP**

资料来源：《中国贸易外经统计年鉴（2008）》。

随着国民经济持续快速发展，中国的国际地位和国际影响发生了根本性的历史转变，中国经济总量从 1978 年的世界第 13 位上升到 2007 年的世界第 4 位，而且是位于世界第三位德国的99.5%。进出口贸易上升为世界第三位，主要工农业产品产量均提升到世界第一位，国际旅游出入境人数居世界前列，吸引外资和外汇储备步入世界前列，中国在世界经济舞台上发挥了越来越重要的作用，并对世界经济平稳增长做出了积极贡献。

① 为 1989～2007 年年平均增长率。

改革开放30多年来，中国经济的快速增长与对外贸易规模的不断扩大呈现出密切的相关性。在GDP长期、稳定、高速增长的同时，对外贸易的规模和增长速度也十分惊人。中国进出口贸易总额从1978年的206亿美元猛增到2007年的21737亿美元，增长了104倍。1979～2007年进出口贸易年均增长17.4%，其中出口年均增长18.1%，进口年均增长16.7%。中国进出口在世界贸易的占比，从1978年的第23位上升到2007年的第3位，出口占到第2位。对外贸易已成为拉动中国经济增长的重要动力。对外贸易依存度①和出口占GDP的比重稳步快速增长，中国已经成为世界上对外贸易依存度最高的经济体之一。对外贸易依存度由1978年的9.74%上升至2007年的66.82%。出口占国内生产总值的比重，由1978年的4.6%上升到2007年的37.5%。具体数据如图4－8所示。据测算，2005年以来，货物和服务净出口对经济增长的贡献在20%以上，拉动经济增长平均在2.4个百分点左右。对外贸易吸纳的直接就业人数达8000万人，外商投资企业扩大就业超过4200万人。

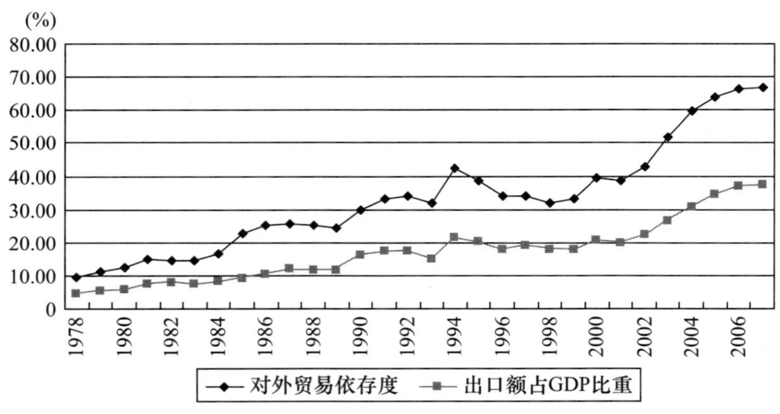


**图4－8　1978～2007年中国对外贸易依存度和出口额占GDP比重**

资料来源：根据《中国贸易外经统计年鉴（2008）》和《中国统计年鉴（2008）》数据整理而得。

① 对外贸易依存度是指一国进出口总额与其国内生产总值或国民生产总值之比，又称对外贸易系数。一国对国际贸易的依赖程度，一般可用对外贸易依存度来表示，体现本国经济增长对进出口贸易的依附程度，也是衡量一国贸易一体化的主要指标。比重的变化意味着对外贸易在国民经济中所处地位的变化。

## 4.4 本章小结

汇率作为一国货币的对外价格，是一国进行对外经济活动时最重要的综合性价格指标。汇率在国际贸易和其他对外经济活动中执行着价格转化职能，汇率不但是一个影响与外部经济世界交往的变量，还会影响内部的稳定与增长，它是联系内外部均衡的桥梁。一般而言，经济增长理论强调资本、劳动、技术等是直接影响经济增长的因素。而在开放经济条件下，汇率作为核心经济变量进入宏观经济模型，汇率变动通过对贸易余额和国际收支等发生传输作用进而对一国宏观经济产生重要影响，汇率是影响经济增长的核心因素之一。因此，在开放经济条件下，汇率也是一种重要的经济杠杆。

1978 年底中国推行改革开放战略以来，中国对外经济联系和经济交往越来越频繁、密切。中国通过符合实际的人民币汇率安排，主要是从 1978 年末改革开放以来人民币汇率螺旋式的渐进贬值、基本保持稳定再到 2005 年 7 月汇改以来稳中有升的渐进调整过程为对外发展取得巨大成功奠定了必要基础和条件。中国对外贸易的发展模式举世瞩目，成为推动国民经济持续和稳定增长的原动力。中国从一个传统的自给自足、相对封闭的经济体发展成为世界上对外贸易依存度最高的经济体之一，并创造了长期、稳定、高速的经济增长奇迹。

随着全球化进程的不断加快以及中国经济外向化程度不断提高，汇率变动对整个国民经济和人们日常生活的影响越来越重要，汇率成为重要的经济杠杆。从长期来看，作为世界经济大国的中国如果继续过度依赖出口导向型的经济增长模式必将难以维系。中国经济长期对外失衡，经济增长的外部风险日趋加大，特别是在世界经济增长普遍乏力的环境下表现更为明显。汇率传递弹性影响汇率变化对贸易收支的响应程度，汇率传递弹性大小是决定汇率在解决外部经济失衡可能作用的关键因素（Bussière 和 Peltonen，2008）。这就需要我们更加关注和重视利用汇率政策的调控作用，推动出口产业升级和结构调整，以此来促进和实现经济增长方式的切实转变。在这个“痛苦”的转型过程中，人民币汇率变动对中国经济特别是对对外贸易的影响将会成为常态。因此，为了避免经济的大幅波动，通过研究分析人民币汇率变动的价格传递效应来把握调整的节奏和力度就显得十分重要。

# 5 人民币汇率传递：影响因素分析与理论模型构建

已有的文献表明，许多学者围绕对完全汇率传递的长期偏离的解释，涌现出大量的对汇率传递决定和不完全汇率传递成因分析的理论模型，这其中主要集中在不完全竞争市场的微观结构和外部宏观环境。本章在分析中国出口市场结构、出口贸易方式和出口商品结构等因素对人民币汇率传递效应影响的基础之上，根据中国出口市场结构和出口贸易方式的特征，对 Dornbusch（1987）研究汇率传递问题的理论模型进行改进和扩展，提出了人民币汇率传递效应决定的一个古诺模型。

## 5.1 出口市场结构与人民币汇率传递

市场结构是产业组织理论研究的起点，也为研究汇率变动的出口价格传递效应提供了重要工具和分析视角。现代产业组织理论经典的"结构—行为—绩效"（Structure－Conduct－Performance，SCP）分析范式①认为，市场结构是决定产业内的竞争状态，并决定企业的经营行为及其战略，从而最终决定企业的绩效的基

① SCP 分析范式是由美国哈佛大学产业经济学大师贝恩（Bain）、谢勒（Scherer）等人建立的。SCP 框架的基本含义是，市场结构决定企业在市场中的行为，而企业行为又决定市场运行在各个方面的经济绩效。

本因素。以克鲁格曼等为代表的新贸易理论更是首次把市场结构和国际贸易联系起来，运用产业组织理论、市场结构理论的分析方法，使用规模经济、不完全竞争、多样化、产品差异性等概念和思想，研究20世纪50年代以来发达国家之间的贸易和产业内贸易现象，创立了新贸易理论。一般来说，所谓市场结构是指产业内企业的市场联系特征，即构成产业市场的卖者（企业）之间、买者之间，以及买者和卖者之间的商品交易关系的地位和特征。现代产业组织理论的开创者贝恩将市场结构最突出的特征概括为三个基本要素：市场集中度（Market Concentration Rate）、产品差别程度和进入壁垒的状况[①]。下面本书就利用这三个基本要素，分析中国出口市场结构特征对人民币汇率变动的出口价格传递效应的影响。

### 5.1.1 中国出口市场集中度分析

市场集中度[②]又可分为买方集中度和卖方集中度。一般而言，市场集中度越高，少数几个企业的市场支配势力越大，市场的竞争程度越低[③]。

从卖方集中度来看，改革开放以来，中国外贸体制改革逐步打破了垄断格局，外贸经营权基本全部放开，形成了外资企业、民营企业和国有企业，特别是大量中小企业共存发展的外贸经营主体多元化时代。据估算，中小企业出口额约占中国出口总额的60%，在部分行业这一比例甚至更高。例如中国纺织行业规模以上企业约占60%，规模以下企业约占40%。2004年中国服装企业有4.5万家，其中年销售收入500万元以上的占15%。纺织品服装出口企业多达38400

① 泰勒尔．产业组织理论［M］．北京：中国人民大学出版社，1997；丹尼斯·卡尔顿，杰弗里·佩罗夫．现代产业组织［M］．上海：上海三联书店，1998.

② 市场集中度是对整个行业的市场结构集中程度的测量指标，它用来衡量企业的数目和相对规模的差异，是市场势力的重要量化指标，集中体现了市场的竞争和垄断程度，经常使用的集中度计量指标有：行业集中率（CRn）、赫芬达尔—赫希曼指数（HHI）、洛仑兹曲线、基尼系数、逆指数和熵指数等，其中行业集中率（CRn）与赫芬达尔—赫希曼指数（HHI）两个指标被经常运用在反垄断经济分析之中。

③ 市场研究分析通常以CR4（即行业内前四位企业市场占有率总和）或CR8（即该行业前八家企业的市场占有率总和）两项数据来计算市场集中度的高低。如果行业集中度CR4 < 30%或CR8 < 40%，则该行业为竞争型；如果CR4≥30%或CR8≥40%，则该行业为寡头垄断型。

家，有限的市场容量与高速增长的企业数量之间的矛盾日渐突出，导致恶性竞争加剧①。而且，自2001年以来，中国固定资产投资增速居高不下。制造业的投资速度更是持续高于整体固定资产投资增速。产能的持续扩张和国内消费的不足使得中国市场供求格局自20世纪90年代中期以来发生了重大变化，不少产品出现供给过剩的局面。大量过剩产能势必会有一部分转向国际市场找出路，由此加剧了出口市场的过度竞争。

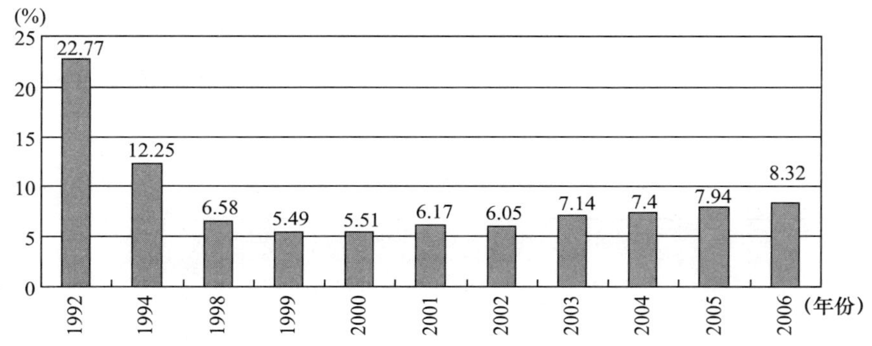


**图5-1 我国出口额最大的10家外贸经营企业的市场集中度**

资料来源：根据《中国对外经济贸易年鉴》及《中国商务年鉴》各年数据计算而得。

中国当前出口企业普遍规模小而分散，企业数量多，相互竞争激烈，容易导致过度竞争。而过度竞争的直接表现就是卖方集中度低，从图5-1可以看出，中国出口额最大的10家外贸经营企业市场集中度②由1992年的22.77%下降到1999年的5.49%，之后虽然有所上升，但目前仍低于10%。这表明中国的出口市场基本上处于高度竞争的局面。大量理论研究和经验分析表明卖方市场集中度越低，整个行业的出口就越多，但会降低出口绩效，从而降低一国的福利（如Pickering和Sheldon，1984；Church，2000等），中国出口企业利润率普遍较低的

① 参见“中国与印度纺织业简况及竞争力对比分析”，华夏印染网（www.cndye.net）。

② 这里，我们用出口额最大的10家外贸经营企业的出口额之和占全国总出口额的比重来表示。

事实反过来基本证实了出口市场集中度低的状况。

从买方集中度来看，中国的出口目的地市场一直高度集中，对欧美发达国家的市场依赖和市场风险很大。虽然20世纪90年代以来，中国政府大力推动贸易多元化战略，但收效甚微，主要出口市场仍然集中在美欧和日本、中国香港、东盟为代表的亚洲市场，具体情况见表5-1、表5-2。以2007年为例，中国前十大出口市场份额占总出口额比重超过80%。如果按照经中国香港转口出口的最终目的地计算，那么中国直接出口和经香港转口的出口中有65%是以欧美为目标市场的，市场高度集中。一般来说，发达国家的产业相对规模较大、集中度较高（原小能，2000），这就使国内出口企业更加处于不利的市场地位。

**表5-1　2001~2007年中国主要出口市场**　　单位：亿美元

| | 2001年出口总额 | 2002年出口总额 | 2003年出口总额 | 2004年出口总额 | 2005年出口总额 | 2006年出口总额 | 2007年出口总额 |
|---|---|---|---|---|---|---|---|
| 总计 | 2661 | 3256 | 4382 | 5933 | 7620 | 9689 | 12180 |
| 美国 | 543 | 699 | 925 | 1249 | 1629 | 2034 | 2327 |
| 日本 | 449 | 484 | 594 | 735 | 840 | 916 | 1021 |
| 中国香港 | 465 | 585 | 763 | 1009 | 1245 | 1553 | 1844 |
| 韩国 | 125 | 155 | 201 | 278 | 351 | 445 | 561 |
| 中国台湾 | 50 | 66 | 90 | 135 | 165 | 207 | 235 |
| 德国 | 98 | 114 | 174 | 238 | 325 | 403 | 487 |
| 新加坡 | 58 | 70 | 89 | 127 | 166 | 232 | 296 |
| 马来西亚 | 32 | 50 | 61 | 81 | 106 | 135 | 177 |
| 荷兰 | 73 | 91 | 135 | 185 | 259 | 309 | 414 |
| 俄罗斯 | 27 | 35 | 60 | 91 | 132 | 158 | 285 |

资料来源：中华人民共和国海关统计。

**表5-2　2007年中国前十大出口市场**　　单位：亿美元

| 排序 | 国别（地区） | 出口额 | 占比 |
|---|---|---|---|
| | 总值 | 12180.1 | 100% |
| 1 | 欧盟 | 2451.9 | 20.10% |

续表

| 排序 | 国别（地区） | 出口额 | 占比 |
| --- | --- | --- | --- |
| 2 | 美国 | 2327.0 | 19.10% |
| 3 | 中国香港 | 1844.3 | 15.10% |
| 4 | 日本 | 1020.7 | 8.40% |
| 5 | 东盟 | 941.8 | 7.70% |
| 6 | 韩国 | 561.4 | 4.60% |
| 7 | 俄罗斯 | 284.9 | 2.30% |
| 8 | 印度 | 240.2 | 2.00% |
| 9 | 中国台湾 | 234.6 | 1.90% |
| 10 | 加拿大 | 194.0 | 1.60% |
| 前十位出口市场合计 | | 10100.8 | 82.80% |

资料来源：中华人民共和国海关统计。

出口市场过于集中，对某一地区出口量大且急剧增加势必对当地市场产生冲击，不仅易引发一些国家对中国实施技术、环境、反倾销等非关税壁垒措施，而且对中国着眼于长期的世界市场开发和提高世界市场占有率收效有限甚至可能是不利的（朱晶，2004）。另外比较集中的出口市场也意味着集中的出口风险，一旦主要进口国由于经济或政治原因大幅度地减少进口，将对中国经济带来很大冲击。

### 5.1.2 中国出口产品差别程度分析

在理想的完全竞争市场情形下，企业出售的都是同质的产品，只能通过价格进行竞争。在现实的世界中，产品间总是在某些方面存在差异，随着产品差异化程度的增大，不同企业间产品的可替代性变弱，企业获取垄断地位的可能性相应变大。企业对于那些与其他产品存在差异的产品拥有绝对的垄断权，这种垄断权构筑了其他企业进入该市场或行业的壁垒，并形成竞争优势。同时，企业在形成产品实体的要素上或在提供产品过程中，造成足以区别于其他同类产品以吸引购买者的特殊性，从而导致消费者的偏好和忠诚度。因此，产品差异是市场结构的一个主要要素，企业控制市场的程度取决于它们使自己的产品差异化的成功程度。产品差异化程度越高，企业越具有市场势力，控制价格能力就越强，汇率传递弹性可能就越大。

改革开放以来，中国出口规模的高速增长，虽然使中国成为闻名于世的“制造大国”、“世界工厂”，但中国制造并不等于中国创造，很多出口企业缺乏核心技术和自主品牌，只能利用劳动力的比较优势以“贴牌、代工”的方式参与国际贸易分工，在国际分工体系中只能处于产品价值链的低端环节，出口产品档次不高，产品附加价值低，利润率微薄。在不少人的心目中，“中国制造”是低价或者物美价廉的代名词。中国出口产品的档次都比较低，大多数出口产品缺乏自主品牌，具有国际竞争力的品牌更是寥寥无几[①]。从理论上讲，产品差别的来源有很多，但在现实中，产品差别主要表现在各种品牌的竞争上。从经济学的角度来看，品牌是各种产品的集中体现，是产品综合素质或特色的最集中的代表，也是产品差别的核心。“随着产品越来越同质化，公司管理必须越来越注重品牌，因为这可能是它们之间的唯一差异”（弗沃德，2008）[②]。在各种产品差别的创造中，创名牌是最不容易的，但最不容易的才最值钱，才是核心竞争力。据统计，目前中国各类进出口企业中拥有自有商标的不到20%，中国出口产品90%依靠“贴牌”，拥有自主品牌的出口产品只有10%左右。据测算，美国品牌所创造的价值占GDP的比重达60%，而在中国却不足20%。中国出口企业500强中，34家名牌出口企业的出口额仅占6%。2005年度《商业周刊》“全球知名品牌100强”的榜单中，中国企业却无一入选[③]。仅以服装行业为例，中国生产的服装已占到全球市场的1/5，但是50%以上的出口服装为来料加工，30%由进口国提供

① 2008年美国《商业周刊》发布“2008全球最佳品牌排行榜”，共有100家企业上榜，其中美国企业达半数以上，日、德、法等国也有数家企业上榜，而中国企业则“全军覆没”，无一上榜。

② 罗敏．品牌将成为产品之间唯一差异［N］．第一财经日报，2008－04－04.

③ 这与两者不同的评判标准有关。《财富》500强重视企业规模，以营业收入为考核目标，因此，2005年中石化、中石油等大型国企在榜单上的排名都大幅上升。《商业周刊》“知名品牌100强”的评选则侧重于对品牌自身价值、国际影响以及发展潜力等的考量。

商标、款式、纸样进行复样加工，使用中国自己品牌出口的服装仅占10%左右，大多数高附加值的利润都被国外名牌获取。企业缺乏自主品牌意识，仅盯住低端市场，处在产业链底端的状态，陷入为别人打工的境地。中国出口产品虽然数量很大，但品种少，技术含量低，附加值低，产品差别程度低。

### 5.1.3 中国出口市场进入壁垒分析

进入壁垒是从新企业进入市场的角度来考察市场关系的调整和变化，考察产业内已有企业与准备进入的企业之间的竞争关系，体现的是市场中潜在的竞争程度。一般是指产业内既存企业对于潜在进入企业和刚刚进入这个产业的新企业所具有的某种优势的程度①。美国经济学家斯蒂格勒指出，进入壁垒可以理解为打算进入某一产业的企业而非已有企业所必须承担的一种额外的生产成本②。进入壁垒的高低既反映了市场内已有企业优势的大小，也反映了新进入企业所遇障碍的大小。可以说，进入壁垒的高低是影响该行业市场垄断和竞争关系的一个重要因素，同时也是对市场结构的直接反映。

由于中国经济发展层次还相对较低，出口产品的档次也都比较低，大多缺乏核心技术，只是利用劳动力的比较优势并以简单的组装加工为主，低质低价产品所占的比重很大，出口产业的劳动力密集型产业特征明显，因此，生产的进入壁垒也相对较小。一般来说，在产业发展的初级阶段，低进入壁垒的低质量生产模式很容易吸引大量中小企业进入，由此造成产业的过度竞争。与此同时，随着中国逐步打破垄断和计划管理，基本建立了同国际接轨的外贸管理体制，特别是2004年新外贸法取消了对外贸经营权的审批制，改为登记制，自然人可以经营对外贸易，政策和法律的进入壁垒在外贸经营领域基本消除。而且，在对外开放过程中，中国采取了较为激进的经济自由化方针，对外资实施全方位开放，承接国际产业转移，吸引了大批外资企业发展加工贸易，使得外资企业成为中国对外

---

① P. A. 格罗斯基．进入与市场份额变动，产业经济学前沿问题［M］．北京：中国税务出版社，2000.

② 施蒂格勒．产业组织和政府管制［M］．上海：上海三联书店，1989.

出口的主导力量。

从以上分析我们可以看出，从中国出口商品市场结构来看，国内出口企业规模小而分散，主要以中小企业为主，数量众多，市场集中度较低。而出口目的地市场又高度集中，主要以欧美等发达国家市场为主；中国出口产品虽然数量很大，但品种少，技术含量低，附加值低，产品差异性小；中国出口产品的档次比较低，大多缺乏核心技术，低质低价产品所占的比重很大，政策法规限制少，对外资开放力度大，出口市场进入壁垒低。中国出口市场结构基本属于典型的原子型的市场结构[①]。在这种市场结构下，中国绝大多数出口企业为了挤占市场或保持市场份额，很容易出现出口市场过度竞争和低价竞销等问题。这就使得中国出口企业在国际市场上丧失了应有的市场势力，议价能力较弱，定价权基本丧失。因此，从出口市场结构来看，面对人民币汇率的不利变化，出口企业很难通过出口价格调整而转嫁出去，人民币汇率变动的出口价格传递弹性会很低。

## 5.2 出口商品结构与人民币汇率传递

改革开放30多年来，在中国出口规模不断扩张的同时，出口商品结构不断优化升级，出口商品结构先后经历了两次伟大转变。20世纪80年代初期至90年代，中国完成了出口商品结构的第一次伟大转变：实现了从以初级产品为主到以工业制成品为主；20世纪90年代初期到21世纪初，中国完成了出口商品结构的第二次伟大转变：以轻纺等劳动密集型产品为主到以机电和高新技术产品等资本技术密集型产品为主（如表5-3所示）。

① 原子型的市场结构一般是指市场集中度低，存在持续过度供给或过剩生产能力，且经济绩效较差的市场结构。

表5－3 中国出口商品结构（%）

| 年份 | 初级产品 | 工业制成品 | 机电产品 | 高新技术产品 |
|---|---|---|---|---|
| 1978 | 53. 5 | 46. 5 | | |
| 1985 | 50. 5 | 49. 5 | 6. 1 | |
| 1990 | 25. 6 | 74. 4 | 17. 9 | |
| 1995 | 14. 4 | 85. 6 | 29. 5 | 6. 8 |
| 1998 | 11. 2 | 88. 8 | 36. 2 | 11. 0 |
| 1999 | 10. 2 | 89. 8 | 39. 5 | 12. 7 |
| 2000 | 10. 2 | 89. 8 | 42. 3 | 14. 9 |
| 2001 | 9. 9 | 90. 1 | 44. 6 | 17. 5 |
| 2002 | 8. 7 | 91. 3 | 48. 2 | 20. 8 |
| 2003 | 7. 9 | 92. 1 | 51. 9 | 25. 2 |
| 2004 | 6. 8 | 93. 2 | 54. 5 | 27. 9 |
| 2005 | 6. 4 | 93. 6 | 56. 0 | 28. 6 |
| 2006 | 5. 5 | 94. 5 | 56. 7 | 29. 0 |
| 2007 | 5. 1 | 94. 9 | 57. 6 | 28. 6 |

资料来源：根据海关统计资料整理而得，其中高新技术产品与机电产品分类有交叉。

据海关统计，1978 年初级产品出口占中国出口总额的 53. 5%，工业制成品出口占 46. 5%。1985 年初级产品和工业制成品所占比重已近平分秋色，分别为 50. 5% 和 49. 5%。到 1986 年，工业制成品出口比重大大超过初级产品，达到 63. 6%，初级产品出口比重下降到 36. 4%。2006 年这一比重已变为 5. 5% 和 94. 5%，而且高新技术产品的出口比重已占出口总额的 29%。2007 年出口商品结构继续优化，机电产品出口占当年出口总值的 57. 6%，在中国出口贸易产品中已占据主导地位。

然而，许多研究表明中国在出口商品结构优化的同时，价格贸易条件却不断恶化（林丽、张素芳，2005；崔津渡、李诚邦，2006；韩青，2007 等）。如表 5－4 所示。中国出口贸易快速增长的同时，中国的价格贸易条件持续恶化，这表明我们并没有充分享受到贸易增长所带来的福利增加，甚至有可能带来整体福利的相对下降，面临“贫困化增长”① 的陷阱。

**表 5－4　1995～2005 年中国价格贸易条件指数**

| 年份 | 出口价格指数 | 进口价格指数 | 价格贸易条件 |
|---|---|---|---|
| 1995 | 1.09 | 1.30 | 0.84 |
| 1996 | 1.11 | 1.20 | 0.93 |
| 1997 | 1.06 | 1.52 | 0.70 |
| 1998 | 0.98 | 1.38 | 0.71 |
| 1999 | 0.92 | 1.19 | 0.77 |
| 2000 | 0.95 | 1.45 | 0.66 |
| 2001 | 0.93 | 1.48 | 0.63 |
| 2002 | 0.89 | 1.41 | 0.63 |
| 2003 | 0.88 | 1.43 | 0.62 |
| 2004 | 0.90 | 1.46 | 0.64 |
| 2005 | 0.92 | 1.47 | 0.65 |

资料来源：崔津渡，李诚邦．中国对外贸易条件：1995～2005 年状况分析［J］．国际经济合作，2006（4）：27.

中国之所以出现出口商品结构高度化和贸易条件恶化并存，这是因为中国出口的制成品是以低技术和劳动密集型制成品为主，从而造成出口商品结构高度化的假象②。目前中国工业制成品出口的比重已经高达 94%，然而出口商品的非价格竞争力却与之并不相称，且出口产品的附加值较低。这并不代表中国出口商品

① 贫困化增长最初是由布雷维什和辛格提出的，后来印度经济学家巴格瓦蒂将贸易条件和经济增长联系起来研究，其基本含义是：一国经济增长引起贸易条件严重恶化，以致社会福利下降程度远远高于人均产量增加对社会福利的改善程度，最终会出现越增长越贫困的结果，因此又叫作“悲惨的增长”。

② 邓志新．市场扭曲条件下的出口贸易过度竞争与“贫困化增长”陷阱［D］．上海社会科学院博士学位论文，2007.

结构已经优化了。因为中国出口制成品中粗加工、低技术、低附加值产品的比重很大，而且出口制成品中很多技术含量高的关键零部件都需要进口。从所谓具有出口优势的产品种类来看主要是鞋帽箱包、工艺品、杂项制品、纺织品、日用家电产品、旅行用品，以及部分机械设备和仪器。1995 年以来，机电产品成为中国出口的第一大类产品，现在机电产品出口已占中国出口总额的一半以上，高新技术产品出口比重已超过 1/4，但也是较低层次的机电产品和“准”高新技术产品居多。中国的高新技术产品表面上看，出口增长很快，但其实是中国技术产品出口的一个幻象，中国的高新技术产品生产和出口主要是依靠吸纳国际信息产业的转移，通过外资企业的加工贸易而形成的。中国既不是这些产品的研发中心，也不是利润中心，只不过是产品组装基地。中国高新技术产品出口中 90% 以上都是外资企业的出口，国内自主创新的高技术产品仅占外贸总额的 2% 。同时这些所谓的高新技术产品中还绝大部分使用国外的核心零部件或者关键技术。“中国充其量只是制造业装配大国，却绝对成不了制造业强国”（岳健勇，2009）。

这种出口商品结构表明，目前中国出口产品的结构优化程度虽然已经相当高，但是中国出口产品档次依然较低，大多数缺乏核心技术和自主品牌，产品链条短，附加值低，大都属于劳动密集型的低技术生产，仍然处于国际产业分工的底层。中国出口商品结构表明国内出口企业的竞争优势基本上属于美国哈佛大学教授迈克尔·波特提出的低层次竞争优势——“低成本竞争优势”，主要是通过较低的劳动力比较优势和规模经济等方式得到的。因此，中国出口企业虽然具备较强价格竞争力，但是由于大多数出口企业缺乏核心技术和自主品牌，非价格竞争能力很低。而非价格竞争力不足等原因就会促使中国绝大多数出口企业为了挤占市场，不得不采取低价竞销的策略。在这种情况下，国内出口商很难把汇率变动完全传递出去，这会在一定程度上弱化人民币汇率变动的出口价格传递弹性。

## 5.3 出口贸易方式[①]与人民币汇率传递

在过去二三十年中，经济全球化进程带来的生产与分工组织方式的一个重大转变就是跨国公司在全球范围内建立的国际生产与分配网络。国际生产网络体现出与产业间分工和产业内分工不同的一种新的分工模式，它是指在特定产品生产过程中，不同工序、不同区段、不同零部件在空间上分布到不同国家，每个国家专业化于某一产品价值链特定生产环节的现象（田文，2005；卢锋，2004）[②]。伴随着这一分工模式出现的就是规模巨大的国际产业转移。1978 年改革开放以来，至2007 年近 30 年里，中国对外贸易总体规模扩大了 57 倍，年均增长速度高达16%，其中出口扩大44 倍，年均增长 16.4%，超过了同时期 GDP 的增长速度。中国对外贸易的迅速扩张，特别是出口规模的迅速增长成为推动“中国奇迹”的重要力量。这其中，加工贸易可谓功不可没[③]。改革开放以来，中国充分抓住了国际产业调整与转移的历史机遇，大力吸引外资发展加工贸易。自 1978 年广东承接第一份来料加工合同以来，中国加工贸易就不断发展壮大。在短短十几年的时间内，中国加工贸易出口从无到有、从小到大，而且自 1996 年以来，加工贸易出口在中国出口贸易总额中一直占据半壁江山，并成为中国的第一大出

① 出口贸易方式一般是指一国或地区同别国或地区进行出口商品交易时所采用的各种具体做法，如一般贸易、加工贸易、易货贸易、补偿贸易等。在我国的出口贸易方式中，除了一般贸易和加工贸易之外，还有易货贸易、边境小额贸易等贸易方式，由于这些贸易方式在我国贸易规模不大，本书所指的出口贸易方式主要是指一般贸易和加工贸易。

② 卢锋．产品内分工：一个分析框架［J］．CCER Working Paper. No. C2004005，2004；田文．产品内贸易的定义、计量及比较分析［J］．财贸经济，2005（5）：77－79.

③ 按照《中华人民共和国海关对加工贸易货物监管办法》（海关总署令第 113 号）规定，加工贸易是指经营企业进口全部或者部分原辅材料、零部件、元器件、包装物料（以下简称料件），经加工或者装配后，将制成品复出口的经营活动，包括来料加工和进料加工。来料加工是指进口料件由境外企业提供，经营企业不需要付汇进口，按照境外企业的要求进行加工或者装配，只收取加工费，制成品由境外企业销售的经营活动。进料加工是指进口料件由经营企业付汇进口，制成品由经营企业外销出口的经营活动。

口贸易方式。中国加工贸易进出口总额从1981年的25.54亿美元增长到2007年的9861亿美元，增长了385倍。其中，加工贸易出口总额从1981年的11.31亿美元增长到2007年的6176.6亿美元，增长了545倍，如图5－2所示。而且长期以来加工贸易顺差在贸易顺差格局中占据主导地位，成为中国贸易顺差的重要来源。以2007年为例，一般贸易和加工贸易顺差分别为1099.3亿美元和2492.7亿美元。巨额的加工贸易顺差成为近年来中国外汇储备迅猛增加的重要来源，在2002～2006年加工贸易顺差对外汇储备同比增加的贡献率分别为：77.7%、67.5%、51.4%、68.2%、76.3%。

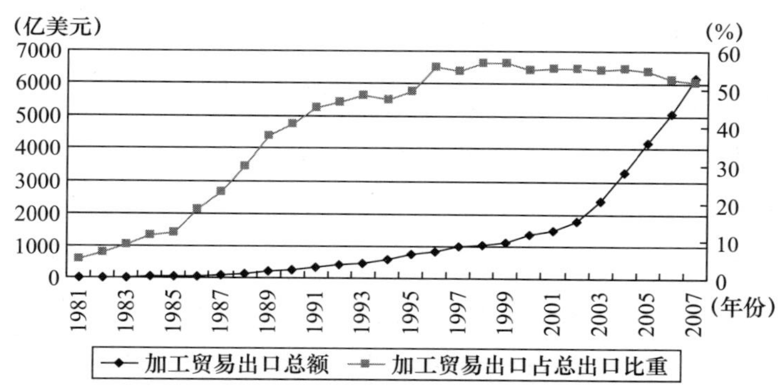


**图5－2 1981～2007年中国加工贸易出口情况**

资料来源：根据中国海关统计数据整理而得。

至此，中国呈现出国际贸易格局中特有的两大独立的贸易体系：改革后成长起来的加工贸易体系和传统的一般贸易体系。而且，前者在总出口中的比重超过了后者，独占半壁江山。自20世纪90年代开始，外商投资企业加工贸易的增长，是中国加工贸易迅速扩张的重要原因。从加工贸易出口企业构成来看，外资企业占据绝对主导地位。外资企业加工贸易出口额在整个加工贸易中所占的比重由1990年的127.02亿美元占28.8%提高到2007年的8311.8亿美元占84.3%，而且越来越多地采取外商独资的方式。2007年，外商独资企业在全国加工贸易进出口总额中所占的比重接近64.8%。

中国这种独特的出口贸易方式有助于缓解汇率波动尤其是升值对出口竞争力的负面影响，弱化汇率变动的传递弹性。从直观上来看，中国这种由外资企业主导的加工贸易出口占据半壁江山的贸易方式，会对人民币汇率变动的出口价格传递效应在两个方面产生影响。一方面，在加工贸易中，出口企业同时也是进口企业，具有“两头在外，大进大出”的典型特征。在人民币汇率升值幅度一定时，如果加工贸易企业的出口量和进口量相等，则人民币升值对企业成本不产生任何影响，只会对“工缴费”这部分产生影响，而“工缴费”所占比例又往往非常低，通常在20%以下，因此这就可能会造成较低的汇率传递弹性。另一方面，许多外商投资企业都是跨国公司通过FDI方式设立的，可以利用母公司优势在全球范围内配置资源，由此具备较强的价格决定能力，加工贸易中与境外母公司关联交易现象明显，可能会通过“虚假定价”、“转移定价”等方式扭曲，或转移利润或虚构利润进行避税，这样在一定程度上会使出口价格对汇率变动不敏感，弱化汇率传递弹性。

由于加工贸易具有“两头在外，大进大出”的特征，中国这种由外资企业主导的加工贸易出口独占半壁江山的出口贸易方式会在一定程度上弱化人民币汇率变动的出口价格传递弹性，出口贸易方式是决定人民币汇率传递效应的重要因素。

## 5.4 企业经营战略与人民币汇率传递

汇率传递从根本上来说就是企业在面对汇率变化时的价格响应策略选择问题，这与企业的定价策略密切相关。而企业的定价策略受多种因素影响，是企业经营战略的重要组成部分。分析人民币汇率变动的出口价格传递效应，必须要考虑中国出口企业经营战略与经营行为。

首先，从计价货币选择来看。由于现阶段人民币还不是完全可自由兑换货币，而且受到一些政策限制，目前人民币还不能够普遍作为对外贸易中计价货币的选择。在中国对外贸易中，商品的计价和结算几乎全部都是按外币进行的，其中，80%以上的贸易商品计价和结算货币是美元，其他的是欧元、日元、英镑等。这实际上就等于中国出口企业采用的是LCP计价模式，根据已有的研究成果，这种货币计价方式会使人民币汇率变动的出口价格传递效应可能是零传递或部分传递。

其次，从定价方式选择来看。一般来说，主要存在以下三种出口定价策略：成本加成定价策略、需求弹性定价策略和边际成本策略（Piercy，1982；Root，1987；Cavusgil，1988，1996等）。①成本加成定价策略：企业在出口商品定价时，在商品生产成本的基础上加上边际利润作为出口商品的价格；②需求弹性定价策略：这种策略也可称为利润最大化策略，它是指企业根据不同市场上商品的不同需求弹性确定不同的价格，使企业在每个市场上都能达到边际收益等于边际成本，从而使利润最大化，也就是说价格加成部分将会随着市场的变化而变化；③边际成本出口定价：在这种定价策略下，厂商忽视固定成本在出口价格中的作用，或者认为出口的固定成本已经在国内市场上收回，因此只要出口价格高于变动成本就可以了，所以出口商品的价格往往降低到边际成本的程度。

不同定价策略引起不同程度的汇率传递，厂商采用成本加成定价时汇率传递程度最高，其次是边际成本定价策略，最低的是需求弹性定价策略。而出口厂商采取不同定价策略又与出口商品的竞争力、出口商对国外市场依赖程度以及出口厂商在东道国的市场势力等因素密切相关，如表5-5所示。我们可以看出，出口商品的竞争力越强，出口商对国外市场依赖程度越小，出口厂商在东道国的市场势力越大，那么出口商的定价权越大，从而汇率的传递效应就越大；反之，当上述一种或者多种原因造成出口商定价权较小时，汇率传递弹性就越小。

通过前面分析我们可以看出，长期以来，中国目前参与国际化经营的企业仍以中小型企业为主，企业总体规模较小，经济实力不强，主要以“贴牌”代工为主，缺乏核心技术和自主品牌，主要依靠劳动力的比较优势进行价格竞争，非

表 5-5　国际市场上出口企业各种定价策略比较

| | 成本加成定价策略 | 需求弹性定价策略 | 边际成本定价策略 |
|---|---|---|---|
| 出口产品外币价格 | $P^* = \frac{1}{e}(1+\overline{K})MC$ | $P^* = \frac{1}{e}(1+K(e))MC$ | $P^* = \frac{1}{e}MC$ |
| 出口厂商目的 | 投资回报率最大化 | 市场份额稳定 | 市场份额最大化 |
| 国外市场份额的重要性 | 不重要 | 重要 | 重要 |
| 出口商品竞争优势 | 非价格竞争力 | 价格、非价格竞争力 | 价格竞争力 |
| 商品套利要求 | 自由套利 | 非自由套利 | 非自由套利 |
| 反倾销压力 | 无 | 可能有 | 有 |
| 出口汇率传递弹性 | =100% | 0≤，<100% | <100% |

资料来源：转引自厦门大学李雅丽博士的学位论文，2008 年。

价格竞争能力很弱。并且由于投资过热，国内产能长期过剩，而内需又相对不足，因此，对国外市场的依赖性高，经济对外依存度极高，大量小而分散的出口企业在出口市场恶性竞争，低价竞销的结果是逐渐丧失了众多产品的定价主导权。这种状况表明，在面对人民币升值的条件下，国内出口企业很难将汇率风险完全转嫁给国外进口商，从而承担了大部分风险，汇率传递弹性可能会很小。一般说来，主要有以下三种定价方式：即成本加成定价法、需求弹性定价法和边际成本定价法。不同的定价方法会引起不同程度的汇率传递弹性，企业采用成本加成定价法时汇率传递程度最高，采用边际成本定价法时次之，采用需求弹性定价法时最低。中国出口企业面临“内忧外患”的市场形势，国内出口企业数量多，规模小而分散，存在过度竞争和低价竞销；在外部市场上，中国又与东南亚等新兴市场国家出口商品结构相近，产品相互替代程度很高，外部竞争激烈。在这种局面下，再加上国内出口产品非价格竞争能力普遍较低，出口企业市场势力严重不足，几乎完全丧失了产品定价主导权。出口商市场势力越弱，自主定价能力越低，汇率传递弹性就越不明显。因此，人民币汇率变动的出口价格传递弹性会很低。

最后，从经营策略来看。一方面，考虑出口企业在一个动态的跨期行为选择中，由于资产专用性，前期的生产设备和分销网络等沉没成本的存在，出口企业不会轻易选择退出一个市场，面对汇率的不利变动，只要预期的收益能够补偿其可变成本，为了维持市场份额，即使损失一部分利润或者承受一定程度的亏损，出口企业会自我消化吸收汇率变动的损失，而不是通过提价的方式转嫁出去；另一方面，目前中国实际上是奉行了“出口导向型”贸易战略，出口企业为了能够得到政府的各种出口激励政策（如出口补贴、出口退税、出口信贷、外资优惠政策等）带来的补偿，会千方百计地扩大出口规模，不计成本，不讲效益，这同样会激励出口企业为了维持价格竞争力而选择自我承担汇率变动损失。

## 5.5 通货膨胀环境与人民币汇率传递

Taylor（2000）利用一个交错定价模型考察了通货膨胀环境对汇率传递效应可能产生的影响，在宏观经济变量与汇率传递之间建立联系，提出了著名的“泰勒货币规则”，即汇率传递在一定程度上内生于一国的货币政策制度，也即稳定的低通货膨胀环境和可信的货币政策将导致低汇率传递弹性。这里，我们借用Taylor（2000）的分析方法，考察通货膨胀环境对人民币汇率变动的出口价格传递效应的影响。

假定在不完全竞争的市场上，企业具有某种程度的市场势力，因此，企业不像在完全竞争市场上只是一个价格的接受者，而具有一定程度的定价能力，由此可以设定它们的价格水平。不完全竞争市场上，企业的定价能力主要与两种因素相关：一是企业产品的差异性，即与其他产品相比，企业产品能够给消费者带来的独特效用大小，这主要取决于企业产品的不可替代性因素，如品牌、专有技术等；二是市场上的竞争压力，这主要取决于市场竞争程度的强弱。这里，我们假定生产成本变化、竞争对手价格变化和市场需求变化会影响一个企业的定价行为。

我们假定一个企业生产并出口某种产品，这种产品与其他竞争对手的产品具有某些差异性。为简化分析，假定市场上对某个企业的需求函数均为线性，即为：

$$y_t = \varepsilon_t - \beta(x_t - p_t) \tag{5-1}$$

这里，$y_t$ 表示市场对该企业产品的需求量，$x_t$ 表示该企业产品的价格，$p_t$ 表示市场上竞争企业生产的同类产品[①]的平均价格，$\varepsilon_t$ 表示需求变化的随机转换变量。$\beta$ 是需求曲线的斜率，$\beta$ 值越大表示该产品的市场支配力越小，该企业的自主定价能力越弱。

由于菜单成本等因素的影响，企业不可能频繁调整它们的价格，这里假定这个出口企业设定价格后每隔 4 期调整一次，市场上其他企业按照同样的周期调整价格，不过价格调整发生的时间点不同。在这种假设下，$p_t$ 就是最近 4 期的平价价格：

$$p_t = (x_t + x_{t-1} + x_{t-2} + x_{t-3})/4$$

$c_t$ 表示生产该种产品的边际成本。假设企业在 $t$ 期把价格设定为 $x_t$，那么，企业预期的后 4 期收益为：

$$\sum_{i=0}^{3} E_t(x_t y_{t+i} - c_{t+i} y_{t+i}) \tag{5-2}$$

这里，$E_t$ 表示基于 $t$ 期信息的条件期望。由于企业每隔 4 期才调整一次价格，在 $t$ 到 $t+3$ 期，企业产品的需求量与其说是取决于 $x_{t+i}$，还不如说是 $x_t$。在边际成本和竞争对手的平均价格为既定时，企业最大化其收益。把（5－1）式代入（5－2）式，并对 $x_t$ 求偏导，可得企业最优的价格选择为：

$$x_t = 0.125 \sum_{i=0}^{3} (E_t c_{t+i} + E_t p_{t+i} + E_t \varepsilon_{t+i}/\beta) \tag{5-3}$$

为分析简便，我们可以假设企业的边际成本函数服从一阶自回归形式即：

$$c_t = \rho c_{t-1} + \mu_t \tag{5-4}$$

这里，$\mu_t$ 为白噪声（White Noise）过程[②]。

---

① 竞争对手的产品功能、类别与这个企业的产品基本相同，但具有某种程度的差异性，比如商标。

② 随机变量 $X(t)(t=1, 2, 3\cdots)$，如果是由一个不相关的随机变量的序列构成的，即对于所有 $S$ 不等于 $T$，随机变量 $Xt$ 和 $Xs$ 的协方差均为零，则称其为纯随机过程。对于一个纯随机过程来说，若其期望和方差均为常数，则称之为白噪声过程。

根据（5－3）式以及（5－4）式，则可以看出：

（1）汇率传递是汇率和价格冲击持久性的函数。而产品价格的变动幅度主要依赖于企业产品边际成本变动的持久性、其他竞争对手产品价格调整持续的变动幅度以及需求变化的持续性，由未来预期的4期（包含当期）变动平均因素所决定。如果这种变化或调整预期是短期的，那么企业价格调整的可能性就不大。

（2）汇率的变动，比如本币的升值会降低以外币表示的边际成本，如果这种汇率的波动是暂时的，而且企业价格的调整是由未来预期的4期（包含当期）平均的边际成本所决定的，产品价格波动幅度不及汇率大，那么企业就会传递较小比率的本币升值效应。因此，汇率变动的持续性越弱，汇率传递率也就越低。而在稳定的低通货膨胀环境下，汇率变动的持续性将下降，这导致了低的汇率传递弹性。

（3）低的通货膨胀环境中，企业和其竞争对手预期的价格改变的持续性就弱。而价格是每隔4期就预先设定，因此，这种低的通货膨胀环境就会降低企业边际成本调整和竞争对手价格调整预期，稳定了企业价格调整行为，降低了汇率传递弹性。

最后，$\beta$ 值越大①，代表市场需求变化对价格的影响就越大，市场竞争越激烈，企业的定价能力就越弱，企业将汇率变动完全传递到出口价格上的难度就越大。

近年来，中国经济增长迎来新一轮的上升周期，在2003～2007年，经济高速增长，连续5年GDP增长率超过10%，呈现出明显的过热迹象。在国民经济高速增长的拉动下以及一些国际因素影响的共同作用下，从2007年开始，消费者物价指数（CPI）呈现出节节攀升的态势（如图5－3、图5－4所示），2008年2月，中国CPI同比上涨8.7%，创下1996年5月以来的最高月度升幅。2008年全年CPI同比增长5.9%，创下12年新高，通胀迹象明显。在CPI持续攀升的环境下，国内出口企业价格上行压力加大，这可能会在一定程度上提高出口价格

---

① 当 $\beta=\infty$ 时，就是完全竞争市场的情形，企业只是价格接受者，没有任何定价能力。

传递弹性。但是，如果出口企业市场势力较弱，市场竞争激烈，国外进口商不愿意接受价格的调整，那么很多出口企业可能被迫退出市场，这会影响到出口贸易流量。

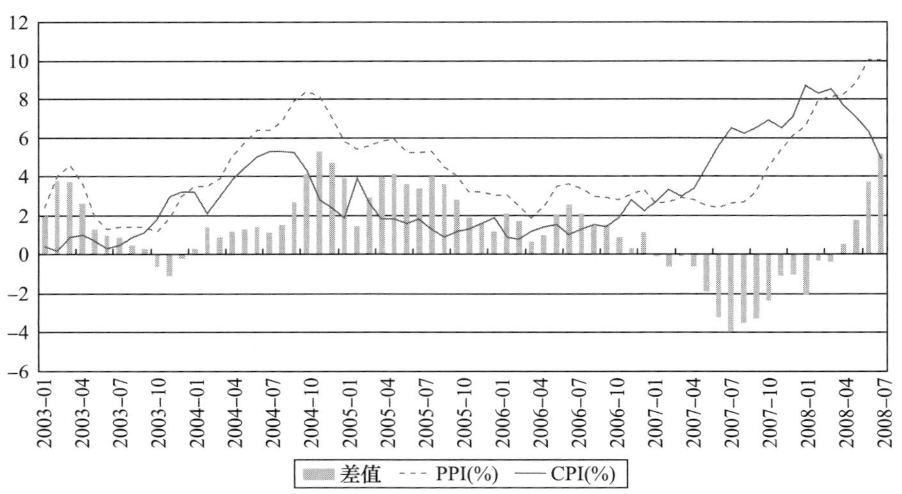


**图 5－3　2003 年 1 月至 2008 年 8 月中国月度 CPI 与 PPI 走势**

资料来源：Wind 数据库。

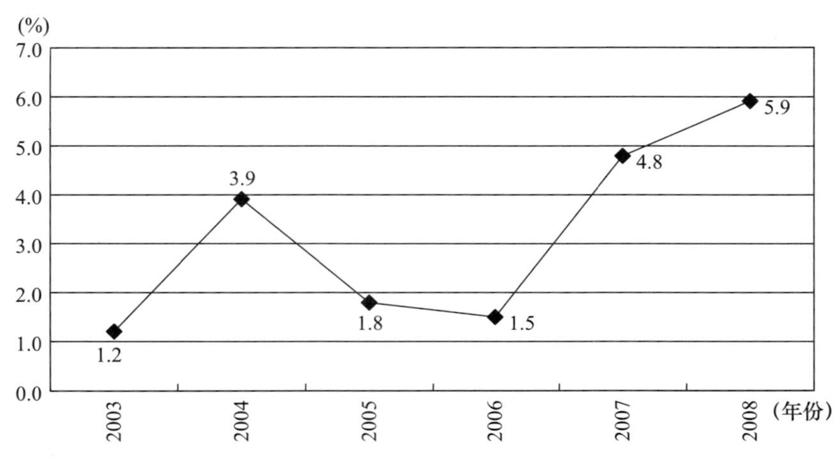


**图 5－4　2003～2008 年中国年度 CPI 涨跌幅度**

资料来源：根据国家统计局网站公开资料整理而得。

# 5.6 人民币汇率传递：一个扩展的古诺模型

从前面的分析我们可以看出，中国出口市场具有两个典型的特征：一是外资企业主导的加工贸易出口占据主导地位，“两头在外”、“以进养出”、“大进大出”；二是出口企业规模小而分散、数量多，且多数缺乏自主品牌和核心技术，主要依靠劳动力成本优势维系整体对外价格竞争力，非价格竞争能力很弱，再加上国内产能过剩，需求不足等一系列因素影响，出口市场存在过度竞争，典型表现就是出口企业相互低价竞销。我们不由得深思，为什么在人民币大幅度升值的同时，中国对外贸易仍然保持稳定快速增长态势，特别是出口总额和贸易顺差规模屡创新高？这是因为汇率在贸易收支调节中的作用越来越弱化，还是与中国这种独特的出口市场结构和出口贸易方式有关呢？人民币汇率传递效应的决定是否有其自身的特殊性呢？为此，本章在不完全竞争和产品同质性的假设条件下，对Dornbusch（1987）研究汇率不完全汇率传递时具有开创性贡献文献中的古诺模型进行改进和拓展，并考虑出口贸易方式对人民币汇率传递效应的影响，且给出一个理论的解释模型。

## 5.6.1 模型假设

假定在一个垄断竞争的市场上，有 $n^*$ 个国内的出口商和 $n$ 个国外供应商在市场上提供完全相同的产品①。为简化分析，我们假定在这个产业中，每个企业都具有线性生产技术。国外厂商只有一种投入品，单位成本是给定的，按照国外货币的价格为 $w$。国内出口商按照投入品来源不同可以分成两大类，一类采用来

① 从我国出口市场结构来看，市场集中度低，出口数量多，品种少，且多数是通过“贴牌”和“代工”的方式出口，产品差异性小，市场竞争激烈，比较接近于完全竞争。因此，这种假设是合理的。

自国外的投入品，另一类直接采用国内的投入品，国内投入品的单位成为按照国内货币计价为 $w^*$。第一类国内出口商在国内的出口市场上所占份额为 $\lambda$[①]，相应地第二类国内出口商在国内的出口市场所占的份额为 $1-\lambda$。因此，我们可以假定国内出口商按照本币价格计算的平均单位生产成本为：

$$\lambda \times e \times w + (1-\lambda) \times w^* \tag{5-5}$$

显然，这里 $0 \leqslant \lambda \leqslant 1$。

其中，$e$ 为汇率，用单位外国货币的本币价格来表示。当本币升值时，$e$ 下降，降低了按本币价格计算的国外投入品的成本。

同时我们假定国内市场和国外市场存在完全的空间分隔，由此来讨论在国外的出口市场上企业的均衡价格的决定问题。当然，假设没有关税，也不存在运输成本。为了进一步简化说明，我们假定国外对该产品的需求函数形式是线性的，即为：

$$Q_d = a - bp \tag{5-6}$$

这里所有的非价格因素都被包含在截距项 $a$ 中，$p$ 为按照外币价格表示的市场价格。假定每个国内出口商和国外供应商的产量分别为 $q^*$ 和 $q$。因此，国外市场上总的供应量就为：

$$Q = nq + n^* q^* \tag{5-7}$$

### 5.6.2 模型分析

根据古诺模型的分析，市场上每一个企业都以利润最大化为目标，并且假定其他企业的产量是给定的，由此决定自己的生产策略。由（5-5）式和前面的假设可知，如果市场上每一个有代表性的国外供应商和国内出口商的利润函数分别记为 $\pi_i$ 和 $\pi_j$，那么代表性厂商的按照外币价格表示的利润函数可以分别表示为：

$$\pi_i = (p-w) \times [a - bp - (n-1)q - n^* q^*] \tag{5-8}$$

① 这里，$\lambda$ 可以近似地看作是按照贸易方式划分的加工贸易占总出口的份额，因此，$\lambda$ 代表了一国出口贸易方式的变量。

$$\pi_j = \{pe - [\lambda \times e \times w + (1-\lambda) \times w^*]\} \times [a - bp - nq - (n^* - 1)q^*] \quad (5-9)$$

按照古诺模型的分析范式，每一个企业试图确定最佳的产量并使得其利润最大化，从而可以导出国内出口商和国外供应商的反应函数。国内出口商和国外供应商的反应函数分别用 JJ 和 J*J* 表示，如图 5－5 所示。这种国内出口商与国外供应商相互博弈的结果，就是古诺—纳什均衡，在古诺均衡时，两条反应线必然相交。均衡点是图 5－5 中国内出口商与国外供应商的反应函数 JJ 和 J*J* 的交点 S。均衡点决定了国内出口商和国外供应商的最优产量配置。由此可以得到整个产业中共同的均衡价格 $P$：

$$P = \frac{a}{Nb} + \frac{new + n^*[\lambda ew + (1-\lambda)w^*]}{Ne} \quad (5-10)$$

这里 $N \equiv n + n^* + 1$。

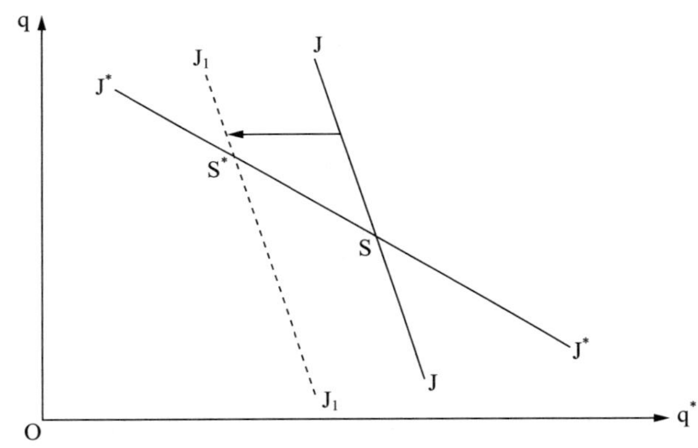


**图 5－5　古诺均衡**

我们可以看出，人民币一个单位的升值（即 $e$ 变小）会使 JJ 曲线向左移动，从而提高国外供应商的销售规模，本国出口商的销售规模减小。在初始的均衡点，单个的国内出口商面临一个给定的边际收益的同时，按照国外货币价格计算的边际成本 $\lambda w + (1-\lambda)w^*/e$ 的变化是不确定的，国内出口商结构会发生调整，从而使平均的国内单位出口成本发生变动，进而会决定最终国内出口规模的变化。当国内出口商按照国外货币计算的边际成本变大时，国内出口商会降低生产规模，国内出口减少；当国内出口商按照国内货币计算的边际成本变小时，国内出口增加。情况比较复杂，这里我们仅讨论两种特殊情况：

（1）当 $\lambda=0$ 时，即国内出口商全部为第二类出口商，只采用国内的投入品，按照国外货币计算的边际成本变大，因此，国内出口商会降低生产规模，国内出口减少。

（2）当 $\lambda=1$ 时，即国内出口商全部为第一类出口商，只采用国外的投入品，按照国外货币计算的边际成本不变，因此，国内出口商会稳定生产规模，国内出口不变。

在此，我们更感兴趣的是，汇率的变动对国内出口商品价格传递弹性大小，即均衡价格对汇率变动的响应程度受哪些因素所影响。根据出口商品价格传递的含义，我们可知出口商品价格传递弹性为：

$$\eta=\partial p/\partial e\times e/p \tag{5-11}$$

进一步计算可得：

$$\eta=-\frac{n^{*}w^{*}(1-\lambda)}{Npe} \tag{5-12}$$

从（5-12）式可以看出，人民币汇率变动的出口价格传递弹性大小取决于以下三个影响因素：国内出口商占整个市场的相对数量、国内出口商品的边际成本相对于市场价格的比率以及国内加工贸易出口所占的比例。通常情况下，$\lambda$ 的取值范围在 0～1，而且 $n^{*}/N$ 和 $w^{*}/ep$ 的取值范围也都在 0～1，因此 $0<\eta<1$，汇率变动引致的出口价格传递是不完全的，即汇率变动只能部分地反映到出口商品价格变化上。我们可以得到以下几个推论：

推论 1：当产业的市场结构越接近于完全竞争状态（也即厂商具有更小的边际成本加成比率）时，一个单位的本币升值导致的出口价格上升的幅度就越小。

推论 2：当国内出口商在市场上所占的份额越大时，一个单位的本币升值导致的出口价格上升的幅度就越大。

推论 3：当国内出口商以加工贸易方式出口所占的比例越大时，一个单位的本币升值导致的出口价格上升的幅度就越小。

诚然，我们可以把（5-12）式推广到一个极端的情形，即开放经济中

的小国①，对于一个小国来说，其国内的出口商在整个产业中所占的份额极低，因此，本币的升值对出口商品价格几乎没有影响。另一个极端的情形是，当市场上厂商数目极少，且主要为国内出口商时，国内出口商就具有较强的垄断势力，本币的升值会一对一地传递到出口商品价格的上升上，这时出口商的货币计价倾向于采用生产者货币，即 PCP 定价，汇率变动传递到最终消费者的程度是完全的。因此，这个模型既可以解释汇率升值时，出口商品价格毫无改变，也可以解释出口商品价格成比例地大幅上升的极端情况。

### 5.6.3 简要结论

前面我们比较详细地介绍了模型的基本假设、建立路径和均衡求解的方法，模型分析表明其对现实经济生活具有很好的解释力。通过模型的推论我们可以看出，人民币不断升值的同时，贸易顺差保持稳定快速增长，这可能与中国特殊的出口贸易方式有关，加工贸易在中国出口贸易当中长期占据半壁江山，这种贸易方式以及中国出口企业数量众多、缺乏核心技术和品牌、过度竞争和低价竞销的市场格局弱化了人民币升值对出口商品价格的传递效应，从而使在人民币升值背景下继续保持中国出口商品的价格竞争力成为可能。

模型分析主要得出以下三点结论：

第一，市场结构是影响汇率变动的出口商品价格传递弹性的重要因素。越是接近完全竞争的市场，出口商品价格传递弹性越小。面对竞争激烈的市场环境，本币升值引致的以外币表示的单位出口成本上升，国内出口商会通过调整利润加成，自我吸收消化一部分本币升值的成本。在中国具有比较竞争优势的出口产业上，众多出口企业规模较小而分散，存在过度竞争和低价竞销，在国际市场上缺乏议价能力，面对人民币升值，只能自我吸收消化部分升值成本，从而挤压企业利润空间，人民币升值幅度在一定范围内企业尚可承受，如果超出这个范围，特别是又面临着国内出口退税政策调整、劳动力成本上升和原材料价格上涨等诸多

① 在国际贸易文献中，通常认为小国是世界价格的接受者。

不利因素叠加在一起，大量出口导向型中小企业可能面临走向破产的困境。目前国内东南沿海中小企业生存发展的现状似乎有力地证实了这一点①。

第二，国内出口企业利润空间大小直接影响汇率变动的出口商品价格传递弹性。当国内出口商越具有垄断势力②，企业就具有越强的市场势力，在本币升值面临不利变化时，企业越能够利用自己的市场势力，把本币升值引致的不利变化转嫁给国外的消费者。诚然，当国内出口商市场势力很弱，相互竞争激烈的时候，这种价格转嫁能力就越弱，只能自我消化这种本币升值成本，以至于退出出口市场。

第三，出口贸易方式变化特别是加工贸易出口占比份额变化对汇率变动的出口商品价格传递弹性影响显著。由于加工贸易具有“两头在外，大进大出”的特征，本币升值使其在原料采购成本的有利变化和对外出口制成品时的不利变化可能相互抵消，这样会弱化本币升值的影响。而且当加工贸易出口在总出口中所占份额越大时，国内出口商越具有更加灵活的调控空间，汇率变动的出口商品价格传递弹性也就越小。从1996年起，中国加工贸易出口在总出口中所占份额长期保持在50%以上，这种特殊的出口结构在一定程度上是导致人民币升值时出口商品价格传递弹性较小的重要原因。从而能够在人民币大幅度升值的同时，继续维持出口商品对外价格竞争力，进而出口规模在一个相当长的时期内仍能继续保持稳定增长。

## 5.7 本章小结

本章首先借鉴已有的研究理论和中国出口贸易发展的实际分析了人民币汇率传递效应的主要影响因素及其对出口价格传递效应的影响，重点围绕不完全竞争

---

① 在第二届广东中小企业经济论坛上，国家发改委中小企业公司有关负责人透露，初步统计，2008年上半年全国有6.7万家规模以上中小企业倒闭。资料来源于2008年9月22日《经济观察报》。

② 这种垄断势力可能跟企业的规模、核心技术和品牌等密切相关。

的市场结构、出口贸易方式、出口商品结构、外部通货膨胀环境和出口企业定价策略等方面进行探讨。从人民币汇率传递效应影响因素的分析结果来看，由于中国出口企业规模小而分散、数量众多，且大多数出口企业缺乏核心技术和自主品牌，主要依靠劳动力比较优势和规模优势从事“贴牌”、“代工”等低技术生产，出口产品档次较低，出口企业市场势力较弱，非价格竞争能力严重不足，中国出口市场表现为过度竞争和低价竞销。在这种情况下，面对人民币升值，国内出口企业很难通过提高出口价格的方式转嫁出去，而只能自我消化吸收本币升值带来的不利影响，人民币汇率变动的出口价格传递弹性会很低。

在此基础上，本章在 Dornbusch（1987）对汇率传递效应研究所采用的古诺模型分析框架基础之上进行改进和拓展，引入出口贸易方式变量，构建了一个局部均衡的理论分析模型。模型分析表明，出口市场结构、国内出口商利润空间和国内加工贸易出口占总出口的比重是影响汇率变动的出口商品价格传递弹性的重要因素。当出口市场结构越接近于完全竞争状态（也即厂商具有更小的边际成本加成比率）时，一个单位的本币升值导致的出口价格上升的幅度就越小；当国内出口商在市场上所占的份额越大时，一个单位的本币升值导致的出口价格上升的幅度就越大；当国内出口商以加工贸易方式出口所占的比例越大时，一个单位的本币升值导致的出口价格上升的幅度就越小。

# 6 人民币汇率传递效应的实证研究

2005 年 7 月 21 日，中国启动了新一轮的人民币汇率形成机制改革，从单一盯住美元到参考一篮子货币，实行以市场供求为基础的、有管理的浮动汇率，形成更富弹性的人民币汇率形成机制，标志着中国走向国际市场经济大国又迈出了坚决而又坚实的一步。汇率形成机制改革多年来，人民币对世界上主要货币总体来看都呈现升值态势，人民币对美元汇率和英镑汇率基本保持单边稳步小幅升值的态势，升值幅度明显，而对日元、欧元汇率走势有升有降。它从政策面对人民币实际汇率升值趋势给以响应和支持，是中国经济成长进入实际汇率升值新时期的一个标志（卢峰，2005）。很多学者认为，中国此次汇率改革重在“机制”而非“升值”，实行参考一篮子货币的弹性汇率机制，将使人民币汇率的形成更加市场化，凸显了改革机制的意味，更有助于中国经济和世界经济长远发展。一个更灵活、更具市场化、更富弹性的汇率机制将使人民币汇率变动更趋频繁和不稳定，人民币汇率变动对中国经济社会生活的影响更加凸显。人民币汇率传递效应的研究价值凸显。已有的研究表明，汇率变动对出口价格的传递效应往往是不完全的，并且这种不完全传递往往因国家和行业而各异。人民币汇率传递弹性大小是决定汇率经济调节作用大小的重要因素。本章在总结国外对汇率传递效应研究的基础之上，利用 VAR 模型对人民币汇率变动的出口价格传递弹性进行估计。

# 6.1 模型构建

20 世纪 70 年代以来，随着不完全汇率传递问题逐渐成为国际经济学界的研究热点，关于汇率传递效应实证研究的文献开始大量涌现，基于不同的理论分析框架，发展了一大批估计模型和方法。总的来看，这些估计模型和方法基本可以分为两类。

一是在完全竞争的假设条件下，对汇率传统效应的实证研究是基于弹性模型（Swift，2002），认为不完全汇率传递是在完全竞争的市场上价格缓慢调整的结果。因此，汇率传递弹性可以利用出口商品的需求弹性和供给弹性直接来计算（Branson，1972；Kreinin，1977 等），或者直接利用传递弹性的公式，出口价格变化百分比与汇率变化百分比数量之比，即本书第 2 章的（2－9）式。

$$(dP_{X,F}/P_{X,F})/(dE/E) = -1/(1-d_x/s_x) \tag{6-1}$$

二是在不完全竞争的假设条件下，汇率作为外生变量的局部均衡模型（如加成模型，Mark－up Model）和汇率作为内生变量的一般均衡模型。而在实际运用中，前者更为常见。Goldberg 和 Knetter（1997）在其关于汇率与价格研究的经典文献中给出了一般回归方程，即为：

$$p_t = \alpha + \delta X_t + \gamma E_t + \psi Z_t + \xi_t \tag{6-2}$$

其中，$p_t$ 表示出口价格；$X_t$ 是基本的“控制”变量，通常用来衡量出口企业的成本或价格；$E_t$ 通常代表名义汇率；$Z_t$ 代表其他“控制”变量，通常是影响进口需求因素的变量，如竞争对手的价格、进口国的 GDP 等；$\xi_t$ 是误差项。在具体的实证研究中，基于不同的理论模型，估计模型的形式会稍有差异。

本书在 Feenstra（1987）、Hooper 和 Mann（1989）、Knetter（1993）、Campa 和 Goldberg（2005）等人提出的成本加成理论模型分析框架的基础上建立中国汇率传递的计量模型。

假设在不完全竞争的国际市场上，中国出口企业具有一定程度的市场势力，因此，出口商品价格是由商品生产成本和在其基础之上的加成份额（Mark - up）来共同决定的，即出口商品价格可以表示成边际成本、加成份额和汇率的函数：

$$p_t = E_t \lambda_t MC_t \tag{6-3}$$

其中，$p_t$ 是以外币表示的出口商品价格；$E_t$ 表示汇率，是一单位人民币所能兑换的外币的数量；$\lambda_t$ 表示出口企业在边际成本基础之上的加成份额；$MC_t$ 代表出口企业的边际成本。

面对人民币汇率的变动，追逐利润最大化的出口企业最优的出口价格响应受一系列因素的影响。出口商品价格调整主要通过以下两个渠道表现出来：一是边际成本的调整；二是边际成本基础之上的加成比率的调整。已有的研究结果表明，有很多因素可以影响加成系数，如汇率、国外市场的竞争压力、需求压力、市场份额和市场结构等。我们在模型中只考虑 Hooper 和 Mann（1989）提出的国外市场上的竞争压力（Competitive Pressures，CP）和需求压力（Demand Pressures，DP）对加成份额的影响，即：

$$\lambda_t = (CP_t)^{\alpha}(DP_t)^{\beta} \tag{6-4}$$

将（6－4）式代入（6－3）式，得出新的公式可以表示为：

$$p_t = E_t(CP_t)^{\alpha}(DP_t)^{\beta}MC_t \tag{6-5}$$

对（6－5）式两边取自然对数，那么，本书人民币汇率传递效应实证研究的计量模型就可以建立如下：

$$\ln p_t = \alpha + \alpha_1 \ln E_t + \alpha_2 \ln CP_t + \alpha_3 \ln DP_t + \alpha_4 \ln MC_t + \mu_t \tag{6-6}$$

其中，$\ln p_t$ 为中国出口商品价格指数的对数，作为被解释变量；$\ln E_t$ 为人民币汇率的对数，为解释变量；$\ln MC_t$、$\ln CP_t$ 和 $\ln DP_t$ 分别代表国内边际成本、国外市场的竞争压力和需求压力的对数，作为控制变量。$\alpha$ 是截距项，$\alpha_1$ 是我们所关心的人民币汇率变动的出口价格传递弹性，本书中人民币汇率采用的是直接标价法，因此，人民币汇率的变化与出口商品价格的变化方向相同，预期 $\alpha_1$ 符号为正。如果 $\alpha_1 = 0$，人民币汇率变动对出口价格不产生任何影响，即可认为 *LCP* 发生，国内出口企业完全吸收了人民币汇率变动的影响；如果 $\alpha_1 = 1$，就是完全汇率传递；如果 $0<\alpha_1<1$，就是不完全汇率传递。$\alpha_2$、$\alpha_3$ 和 $\alpha_4$ 分别代表国外市场竞争压力、国外市场需求压力、国内生产成本对出口商品价格的影响程度，预期符号均为正；$\mu_{it}$ 为随机扰动项。

从（6-6）式中可以看到，人民币汇率变动对出口价格的传递效应与出口企业的生产成本、国外市场的竞争程度和国外市场的需求变化密切相关。

## 6.2　变量选择与数据描述

### 6.2.1　变量定义与数据来源

综合考虑数据的可得性和有效性，本书对人民币汇率变动的出口价格传递效应的实证分析，运用 Eviews5.0 计量软件，选取 2003 年 1 月至 2008 年 11 月的月度数据，共计 71 个样本点。具体的变量定义和数据来源如下：

（1）出口价格指数（EPI）。由于中国出口价格指数长期以来一直缺少公开的统计数据，国内很多学者在研究汇率传递效应时，往往是根据海关公布的主要进出口商品数量和金额，采用“单位值指数方法”构造各类进出口价格指数。进出口价格指数构建是一个复杂的系统工程，这种方法只能作为一种近似的替代，缺乏严谨性，可能并不能真正反映出进出口价格的真实变化。有别于以往的研究，这里我们选用的是海关总署综合统计司编制的出口价格指数。该指数是由海关总署综合统计司组织专门人力、作为专门项目，在国际货币基金组织的技术援助下进行研制，并通过世界银行、欧洲联盟、法国统计局、香港政府统计处和原国家计委（即现在的发改委）、外经贸部（即现在的商务部）、国家统计局、人民银行和中国人民大学等国内外专家的鉴定。在样本选取、指数公式的确定和汇总方案的设计等方面，借鉴国际组织和其他国家编制贸易指数的经验和科学方法加以修订，同国家统计局和人民银行对国内生产与消费价格指数的编制方法相衔接，涵盖的商品范围和贸易指数的种类全面，具有可靠性、权威性和可比性的特点。价格和出口值均按美元计价和计值，出口价格指数的计算按离岸价格（FOB）计算。2003 年，海关总署正式启用新方案编制对外贸易指数。2005 年 1 月正式对外公开发布。

我们选用的数据，2005 年 1 月以前的数据来源于海关内部资料，2005 年以后的数据来源于《中国对外贸易指数》相应各期。

（2）人民币汇率。一般认为，汇率变动的出口价格传递效应主要研究名义汇率变化对出口价格的影响。在这里要考察中国出口价格的整体变动情况，因此，我们使用人民币名义有效汇率（NEER）指数作为汇率的代理变量。该指数计算时选取的主要权重分配如图 6－1 所示，具有很强的代表性。资料来源于国际清算银行（BIS）网站公布的人民币名义有效汇率月度数据。该指数是以 2000 年为基期计算定基指数，采用间接标价法，其数值增大表示人民币升值，数值减小表示人民币贬值。

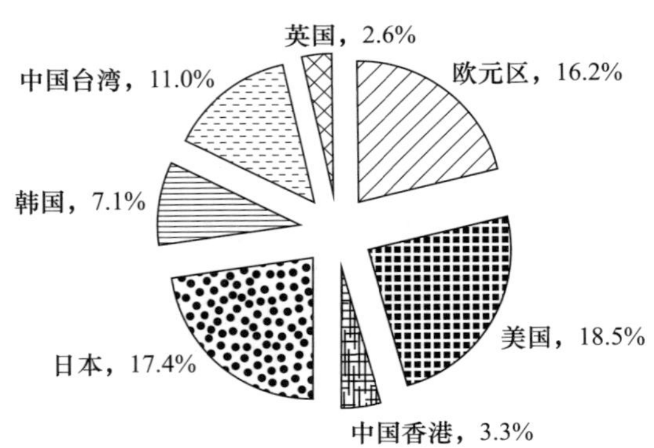


**图 6－1　BIS 人民币有效汇率指数主要权重占比情况**

资料来源：根据国际清算银行网站资料整理而得。

（3）国内出口企业生产成本。国内出口企业生产成本主要包括原材料投入成本和人工成本。由于没有直接可用于衡量国内出口企业生产成本的变量，我们借鉴已有的研究文献，用国内的工业品出厂价格指数（PPI）代替。资料来源于中经网统计数据库。

（4）国外市场竞争压力。由于中国出口商品结构与许多发展中国家和新兴市场国家相似度比较高，主要竞争对手集中于东南亚和拉美一些国家，如墨西哥、印度、越南、阿根廷等，所以我们选取国际货币基金组织的《国际金融统计》数据库公布的新兴市场和发展中经济体（Emer. & Develop. Eco.）出口商品的价格指数（EPIED）作为竞争对手价格指数的替代变量。资料来源于 IMF 的 IFS 数据库。

（5）国外市场需求压力。国外市场需求压力反映了中国的主要出口目的地市场需求条件变化对出口商品价格的影响。从现有的研究来看，应当用中国主要的最终出口目的地国家或地区的 GDP 变量来表示。但从现有的数据来看，月度 GDP 数据很难取得。所以，本书选取 OECD 30 国①的消费者信心指数②（CCI）作为需求压力的代理变量。这 30 个国家几乎包含了中国主要的最终出口目的地。数据来源于中经网统计数据库 OECD 宏观月度库。

我们将上述数据序列都使用 X12 方法进行季节调整，然后取自然对数。变量依次表示为：LNEPI、LNNEER、LNPPI、LNEPIED、LNCCI。

### 6.2.2 数据描述性分析

从图 6－2 可以看出，2003 年 1 月到 2007 年初，中国出口商品价格指数波幅不大，基本维持小幅上升态势。而之后，随着一系列国内外因素的影响，如原材料成本上升、出口退税调整以及劳动力成本上升等，中国出口商品价格指数开始呈现加速上扬的态势。然而，从 2008 年 7 月开始，受美国金融危机的影响，出

① OECD 30 国包括澳大利亚、奥地利、比利时、加拿大、捷克、丹麦、芬兰、法国、德国、希腊、匈牙利、冰岛、爱尔兰、意大利、日本、韩国、卢森堡、墨西哥、荷兰、新西兰、挪威、波兰、葡萄牙、斯洛伐克、西班牙、瑞典、瑞士、土耳其、英国、美国。

② 消费者信心指数是反映消费者信心强弱的指标，是综合反映并量化消费者对当前经济形势评价和经济前景、收入水平、收入预期以及消费心理状态的主观感受，预测经济走势和消费趋向的一个先行指标是监测经济周期变化不可缺少的依据。在许多国家，消费者信心的测度被认为是消费总量的必要补充。

口价格指数开始小幅回落。按照间接标价法表示的人民币有效汇率指数同期呈现先降后升的过程，特别是2005年7月汇改以来，基本保持单边上扬态势。从二者关系来看，2003年至2005年上半年大致呈反方向变动；之后，EPI和NEER则明显呈同方向变动。这表明中国可能存在人民币汇率变动的出口价格传递效应，但出口价格变动并不能完全由汇率传递效应所解释。

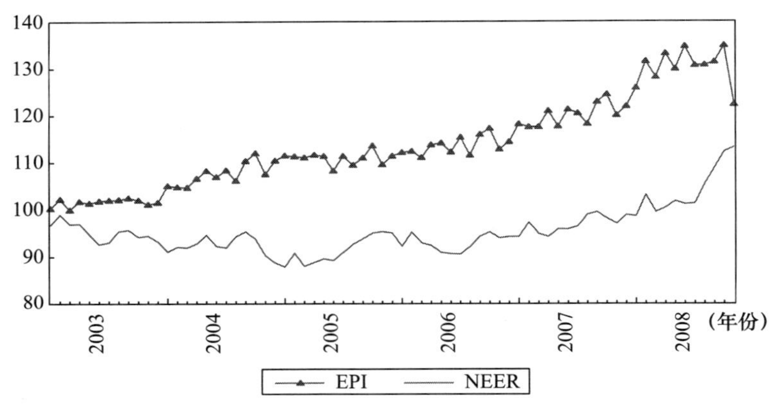


**图6-2　中国出口价格指数（EPI）和人民币名义有效汇率（NEER）走势图**

# 6.3　实证分析与估计结果

## 6.3.1　平稳性检验

关于时间序列数据必须通过数据平稳性检验，这是计量的前提，否则可能出现“伪回归”。平稳性的常用检验方法是单位根检验法。经过单位根检验可以来确定各个非平稳变量的单整阶数。单位根检验方法很多，为确保结果的正确性，

对每个变量序列我们都使用最常用的 ADF 检验和 Philips - Perron 的非参数检验（PP 检验）。

单位根检验时，在滞后期的选择上，参照赤池信息准则（Akaike info Criterion，AIC）和施瓦茨准则（Schwarz Criterion，SC），作为最佳时滞的标准，在二者值同时为最小时的滞后长度即为最佳长度。而且本书分别对检验回归中包括趋势项、趋势项和截距项，或二者都不包括三种情况进行检验。检验结果如表 6 - 1 所示。

**表 6 - 1 各变量的单位根检验**

| 变量 | ADF 检验 | | | PP 检验 | | | 阶数 |
|---|---|---|---|---|---|---|---|
| | I | TI | N | I | TI | N | |
| *EPI* | -0.12 | -1.81 | -3.24 | -0.96 | -3.19 | 2.70 | I (1) |
| △*EPI* | -15.66*** | -15.55*** | -2.29** | -15.49 | -15.41*** | -13.05*** | I (0) |
| *NEER* | 2.38 | 0.33 | 1.25 | 1.97 | 0.29 | 1.25 | I (1) |
| △*NEER* | -5.70*** | -6.73*** | -5.57*** | -5.72*** | -6.54*** | -5.62*** | I (0) |
| *PPI* | -1.58 | -4.32*** | 3.35 | -1.05 | -1.76 | 2.17 | I (1) |
| △*PPI* | -4.32*** | -4.09** | -2.94 | -2.76* | -2.70 | -2.89*** | I (0) |
| *EPIED* | -0.51 | -2.54 | 1.68 | -0.55 | -2.40 | 1.59 | I (1) |
| △*EPIED* | -6.88*** | -6.82*** | -6.65*** | -6.90*** | -6.84*** | -6.64*** | I (0) |
| *CCI* | 0.06 | -0.32 | -0.59 | 0.61 | 1.27 | -0.78 | I (1) |
| △*CCI* | -3.48** | -5.13*** | -3.45*** | -3.61*** | -5.17*** | -3.59*** | I (0) |

注：“*”、“**”、“***”分别表示 10%、5% 和 1% 的显著性水平。I 表示只有截距项，TI 表示含趋势项和截距项，N 表示既没有趋势项，也没有截距项。

从表 6 - 1 中的检验结果可知，ADF 与 PP 检验基本表明，上述五个数据序列都给出了为单位根过程的结论，即为非平稳序列，但其一阶差分序列都是平稳的，说明它们都是 I（1）序列。

## 6.3.2 协整检验

由上面分析可知，我们研究的这五个变量都是一阶单整的。Engle 和 Granger

(1987) 指出，两个或多个非平稳序列的线性组合可以是平稳的，即存在协整关系。关于协整关系的检验与估计目前有许多具体的技术模型，如 EG 两步法、Johansen 极大似然法、自回归分布滞后模型（ARDL）方法、频域非参数谱回归法、Bayes 方法等。Engel 和 Granger 建议使用两阶段回归法解决时间序列的非平稳性，由于此方法易于计算，因而早期被广泛地采用，但其缺点是在小样本下，参数估计的误差较大，并且当变量超过两个时，变量间可能存在多个协整关系，此方法无法找到所有可能的协整向量，其分析结果不易解释。Johansen (1988) 针对上述问题提出极大似然估计法（MLE），Gonzalo 利用模拟分析所获得结果显示，Johansen 检验优于 Engel 和 Granger 的方法。本书即采用 Johansen 方法对变量进行协整检验。通过建立迹统计量和最大特征值似然比统计量来确定各变量之间的协整关系。

检验时采取带截距项的检验模型对这五个变量进行协整检验。协整检验的结果如表 6－2 所示。

**表 6－2 协整关系检验结果**

| 原假设 | 迹统计量 | 迹统计临界值 | 最大特征值 | 最大特征值统计临界值 |
|---|---|---|---|---|
| 协整方程数目 | Trace Statistic | 5% | MaxEigen | 5% |
| 没有 | 76.77 | 69.82 | 38.04 | 33.88 |
| 至多 1 个 | 38.74 | 47.86 | 23.92 | 27.58 |
| 至多 2 个 | 14.82 | 29.79 | 8.34 | 21.13 |
| 至多 3 个 | 6.48 | 15.49 | 6.47 | 14.26 |
| 至多 4 个 | 0.01 | 3.84 | 0.01 | 3.84 |

可以看到，迹检验和最大特征值检验都表明，在 5% 的显著性水平上，出口价格指数、人民币名义有效汇率、工业品出厂价格指数、新兴市场与发展中经济体出口价格指数和 OECD 国家消费者信心指数存在一个协整关系。

## 6.3.3 格兰杰因果关系检验

协整关系只能说明五个变量之间具有长期均衡稳定的关系，变量之间至少有

单项因果关系，但这并不能说明谁为因谁为果，因此还需要进一步验证。Granger（1969）对变量之间的因果关系做了定义，并针对这种因果关系的存在提出了一种检验方法，即格兰杰因果关系检验。而且，只有在平稳变量之间或存在协整关系的非平稳变量之间才能进行格兰杰因果关系检验（张晓峒，2008）。因此，在协整检验之后，本书利用 Eviews 软件对以上变量进行格兰杰因果关系检验。检验结果如表 6－3 所示，表中只列出了本书研究所关心的人民币名义有效汇率与出口价格指数之间的检验结果。

**表 6－3 格兰杰因果关系检验结果**

| 原假设 | F 统计值 | P（概率） | 滞后期 | 结论 |
|---|---|---|---|---|
| LNEPI 不是 LNNEER 的格兰杰原因 | 6.90429 | 0.00193 | 2 | 拒绝 |
| LNNEER 不是 LNEPI 的格兰杰原因 | 0.31950 | 0.72766 | 2 | 接受 |

注：检验以 5% 的显著性水平为标准。

通过格兰杰因果关系检验，我们发现总体上看人民币名义有效汇率变动不是出口价格指数变动的格兰杰原因，相反，出口价格指数变动是人民币名义有效汇率变动的格兰杰因果关系。为了确保检验结果的稳定性，我们还分别取滞后期为 4、6、8、10 进行了检验，且都得出了一致的结论。这也就是表明人民币名义有效汇率的变动对中国出口价格指数的影响不明显，相反在一定程度上出口价格指数更多地解释了名义有效汇率的变动，这一结论与现实情况基本吻合。

### 6.3.4 VAR 模型估计

本书研究的经济变动均为时间序列变量，单方程的估计往往存在序列相关的问题，从而得到的估计量虽然是无偏的、一致的，但却是无效的。在时间序列分析方法中，向量自回归模型（VAR）是衡量汇率传递效应最常用的方法，如 McCarthy（2000）、Gueorguiev（2003）、Hahn（2003）、Faruqee（2004）、Funentes（2007）等。这主要因为 VAR 方法具有两个方面的优势：一是 VAR 方法能适应变量间的动态关系；二是 VAR 方法没有对设定的变量施加明确的理论约束（McKenzie，1999）。因此，本书使用 VAR 方法估计人民币汇率变动的出口价格传递效应。

VAR 模型是由希姆斯（C. A. Smis，1980）提出，在一个含有 $n$ 个方程（被解释变量）的 VAR 模型中，每个被解释变量都对自身以及其他被解释变量的若干期滞后值回归，若令滞后阶数为 $k$，则 VAR 模型的一般形式可用下式表示：

$$Z_t = \sum_{i=1}^{k} A_i Z_t - i + V_t \tag{6-7}$$

其中，$Z_t$ 表示由第 $t$ 期观测值构成的 $n$ 维列向量，$A_i$ 为 $n \times n$ 系数矩阵，$V_t$ 是由随机误差项构成的 $n$ 维列向量，其中随机误差项 $v_i(i=1, 2, \cdots, n)$ 为白噪声过程，且满足 $E(v_{it}v_{jt})=0(i, j=1, 2, \cdots, n$，且 $i \neq j)$。

本书按照（6－6）式的分析，我们建立的 VAR 系统包括出口价格指数（EPI）、人民币名义有效汇率指数（NEER）、国内工业品出厂价格指数（PPI）、新兴市场与发展中经济体出口价格指数（EPIED）、OECD 国家消费者信心指数（CCI）。所有数据都经过对数变换。

VAR 模型的滞后阶数越大越能反映所构造模型的动态特征，但是会造成待估参数过多、自由度损失过大，本书根据 AIC、SC、HQ 信息准则最小化并结合似然比 LR 检验，检验结果显示，4 个评价统计量给出了滞后阶数为 2（如表 6－4 所示）。这表明，建立二阶的 VAR 模型比较合理。在滞后 2 阶情况下，对 VAR 模型残差进行 JB 正态性检验、LM 自相关检验和 White 异方差检验显示残差服从正态分布、无自相关、不存在异方差，估计结果也显示参数联合检验是显著的，调整后的 $R^2$ 值在 0.95～0.99，因此估计的 VAR 系统的统计性质是良好的。

**表 6－4　VAR 模型滞后阶数选择准则**

| 滞后阶数 | LogL | LR | FPE | AIC | SC | HQ |
|---|---|---|---|---|---|---|
| 0 | 683.7460 | NA | 5.86e－16 | －20.88449 | －20.71723 | －20.81850 |
| 1 | 1030.754 | 629.9529 | 2.92e－20 | －30.79243 | －29.78887 * | －30.39646 |

续表

| 滞后阶数 | LogL | LR | FPE | AIC | SC | HQ |
|---|---|---|---|---|---|---|
| 2 | 1080. 942 | 83. 38890 * | 1. 37e – 20 * | – 31. 56744 * | – 29. 72757 | – 30. 84149 * |
| 3 | 1103. 564 | 34. 10708 | 1. 52e – 20 | – 31. 49427 | – 28. 81810 | – 30. 43835 |
| 4 | 1120. 459 | 22. 87322 | 2. 09e – 20 | – 31. 24489 | – 27. 73241 | – 29. 85899 |
| 5 | 1143. 057 | 27. 11797 | 2. 53e – 20 | – 31. 17099 | – 26. 82221 | – 29. 45512 |
| 6 | 1173. 413 | 31. 75700 | 2. 58e – 20 | – 31. 33579 | – 26. 15071 | – 29. 28994 |

注："＊"表示评价统计量给出的最合理滞后阶数。

虽然 VAR 模型对某变量全部滞后项系数的联合检验能够告诉我们该变量是否对被解释变量有显著的影响，但是不能告诉我们这种影响是正还是负，也不能告诉我们这种影响发生作用所需要的时间。为解决这一问题，在运用 VAR 模型时，通常利用乔莱斯基（Cholesky）分解法来处理误差项，利用脉冲响应（Impulse – Response）函数来解释汇率传递效应的过程，进一步了解变量间的动态互动关系。但是，非稳定的 VAR 模型不可以做脉冲响应函数分析。因此，需要对 VAR 模型的稳定性进行检验。检验的方法就是如果 VAR 系统全部特征根的倒数值在单位圆之内，VAR 模型是稳定的，否则是不稳定的。从图 6 – 3 可以看出，10 个特征方程根的倒数值都在单位圆之内，我们建立的 VAR 模型是稳定的。

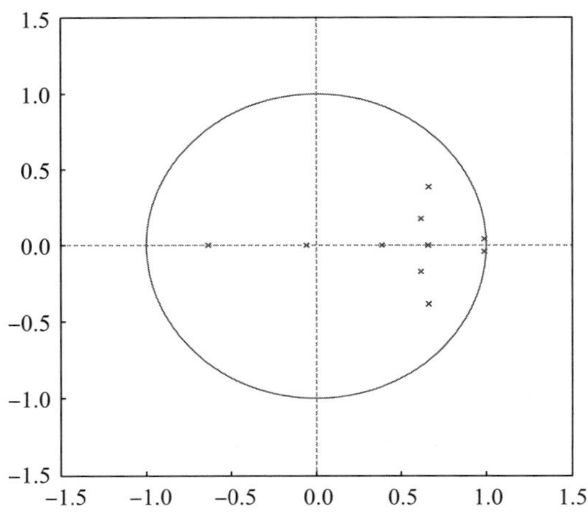


**图 6 – 3　VAR 模型 AR 根图**

### 6.3.5 脉冲响应函数与方差分解

在VAR模型中，乔莱斯基分解次序对脉冲响应函数具有非常重要的影响，而对应于内生变量在VAR系统中的次序，乔莱斯基信息向量分解矩阵是唯一的。这里，我们依据经济理论和实践经验，确定用于识别结构冲击的乔莱斯基分解的基本次序。

首先，在这个VAR系统中，国外需求的冲击弱外生性最强，同期内基本不会受其他冲击因素的影响，但有可能对系统内其他所有变动都产生同期影响，所以把CCI冲击排在VAR系统最前面。其次，中国是典型的外向型经济体，国内的供给受外部需求冲击影响比较明显，将PPI放在系统的次先位置。国外市场的竞争压力受需求冲击的影响也比较明显，因此将EPIED放在系统中变量的第三个位置。我们考虑的核心问题是汇率对出口价格的影响，所以将NEER放在EPI的前面。因此，本书考察的VAR系统中乔莱斯基分解的基本顺序是：

$\ln CCI \rightarrow \ln PPI \rightarrow \ln EPIED \rightarrow \ln NEER \rightarrow \ln EPI$

在上述识别方法分析的基础上，通过累积脉冲响应函数我们可以识别1单位的人民币名义有效汇率冲击对出口价格指数产生的影响。而且，VAR系统中所有的变量都经过对数变化，如果结构冲击正规化为1，那么其他变量受到冲击后的变化值就可以近似看成是弹性值。如果是汇率对出口价格的冲击，那么就可以近似看作是汇率变动的出口价格传递弹性。图6-4表示了1个百分点的$\ln CCI$、$\ln PPI$、$\ln EPIED$和$\ln NEER$冲击对出口价格产生的影响。

图中的横坐标是冲击发生后的时间间隔（以月为单位），纵坐标尺度表示冲击的反应程度，虚线表示二倍标准差范围内的置信曲线，表示冲击反应函数估计的置信区间。从图6-4中可以看出，在一个单位的正向冲击下，出口价格指数对国外市场需求压力和竞争压力的累积脉冲响应较大，而对国内生产成本和汇率冲击的累积脉冲响应较小，而且这种冲击的累积响应基本都是在1~2个季度后才逐步开始显现，这间接证明了国际贸易中存在价格黏性的事实。我们更为关注的是1个百分点的人民币汇率冲击（即人民币升值）将导致出口价格逐步出现小幅缓慢上升态势，5 个月后才上升了 0.0054 个百分点，两年后上升到最大值，为 0.07 个百分点[①]。然后趋于平稳，一直维持在这一水平上。总的来看，人民币名义有效汇率冲击对中国出口价格的影响虽然具有一定程度的统计显著性，但冲击程度很小，汇率传递是很不完全的，几乎可以忽略不计。

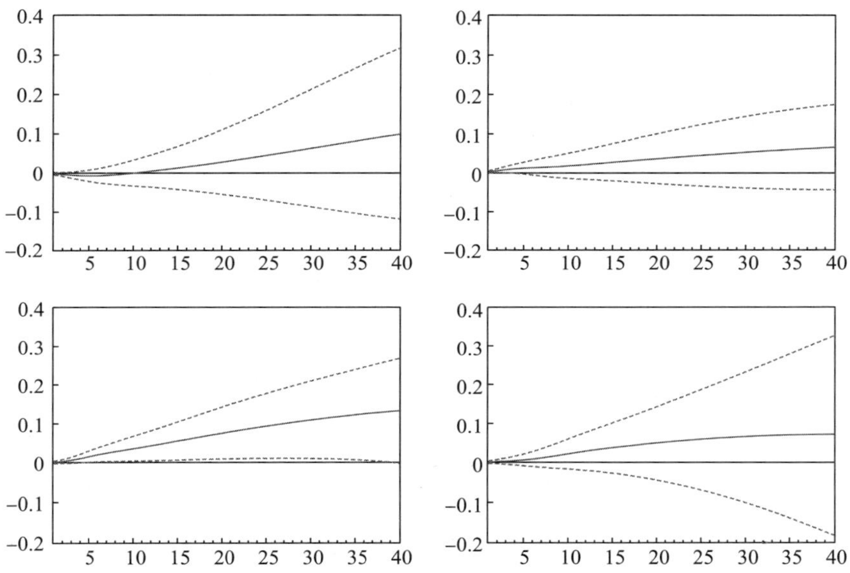


**图 6－4 出口价格指数对 1 个正向的其他变量冲击的累积脉冲响应函数**

为了检验乔莱斯基分解次序得出的估计结果的稳定性，本书考虑了其他两个备择的乔莱斯基分解次序。一是考虑到国外市场竞争压力相对来说，不受国内供给因素影响，反而会对国内出口供给产生一定影响，所以将 EPIED 放在 PPI 之前即：

$\ln CCI \rightarrow \ln EPIED \rightarrow \ln PPI \rightarrow \ln NEER \rightarrow \ln EPI$

① 为了确保实证分析的可靠性，我们还利用这五个变量的对数形式进行多元线性回归分析，其中 *EPI* 为被解释变量，其他四个变量为解释变量，回归结果显示，人民币名义有效汇率变量的系数是显著的，为 0.10，即汇率传递弹性为 0.10，这个结果与我们用脉冲响应函数估计的基本相近。

二是考虑中国进口需求量很大，人民币汇率变动在一定程度上影响进口价格，从而影响生产成本，因此将 PPI 放在 NEER 之后，即：

ln*CCI*→ln*EPIED*→ln*NEER*→ln*PPI*→ln*EPI*

图 6－5、图 6－6 为备择乔莱斯基分解次序估计的 EPI 累积脉冲响应函数。可以看出，备择的乔莱斯基分解次序得出的累积脉冲响应函数与上述分解次序得出的结果基本一致。在受到一个单位的正向汇率冲击（即人民币升值）后，出口价格开始出现小幅缓慢上升，汇率传递的过程是漫长的和很不完全的，在 24 个月左右达到最大值，然后一直维持在这一水平上。这表明本书依据乔莱斯基分解次序得出的估计结果是可靠的。

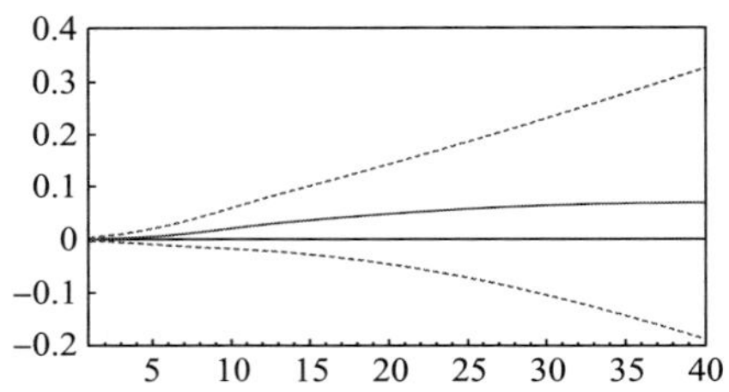


**图 6－5　备择乔莱斯基分解次序一估计的 EPI 的累积脉冲响应函数**

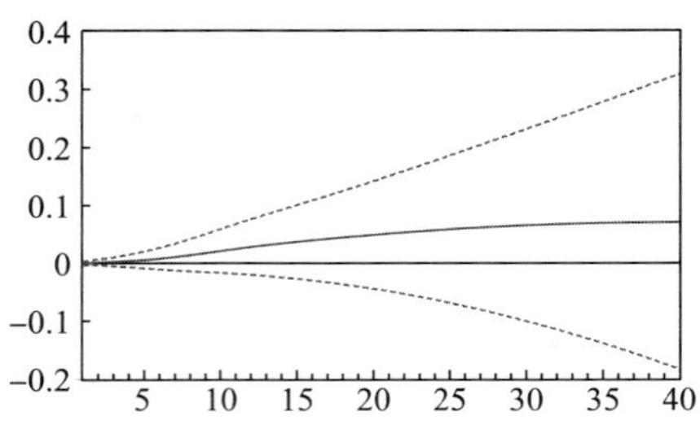


**图 6－6　备择乔莱斯基分解次序二估计的 EPI 的累积脉冲响应函数**

方差分解（Variance Decompoosition）是向量自回归模型中研究各变量的冲击对所有内生变量预测误差贡献的方法。因此，这里我们对出口价格预测误差进行分解，以分析各变量在解释出口价格变化中的重要程度（见表6－5）。从方差分解结果看到，随着时期的增加，出口价格指数自身的方差贡献率逐渐减小，其他变量的方差贡献率逐渐增大，依次为：国外市场竞争压力、国外市场需求压力、人民币名义有效汇率和出口企业生产成本。出口价格方差大约一半都是由出口价格自身波动引起的，国外市场竞争压力对出口价格方差的解释能力比较大，而人民币汇率、出口企业生产成本、国外市场需求压力对出口价格的影响非常有限。

**表6－5　出口价格指数预测误差的方差分解**

| 预测期 | ln*CCI* | ln*EPIED* | ln*PPI* | ln*NEER* | ln*EPI* |
|---|---|---|---|---|---|
| 1 | 2.451697 | 0.062432 | 3.585238 | 0.078805 | 93.82183 |
| 7 | 2.523598 | 21.27906 | 3.418168 | 4.145156 | 68.63401 |
| 13 | 5.317476 | 25.19328 | 2.530070 | 11.01406 | 55.94512 |
| 19 | 8.326959 | 29.14446 | 2.347450 | 11.83480 | 48.34633 |
| 25 | 11.81682 | 30.84548 | 2.280406 | 11.45370 | 43.60359 |
| 31 | 15.38808 | 31.42559 | 2.280196 | 10.70463 | 40.20151 |
| 37 | 18.75836 | 31.30422 | 2.296067 | 9.964061 | 37.67729 |

## 6.4　本章小结

本章在Feenstra（1987）、Hooper和Mann（1989）、Knetter（1993）、Campa和Goldberg（2005）等人提出的成本加成理论模型分析框架基础上建立了中国汇率传递的计量模型，利用VAR模型对人民币汇率变动的出口价格传递效应进行了实证分析。将国外市场需求压力、国外市场竞争压力、国内企业出口成本、人民币名义有效汇率和出口价格指数五个变量纳入VAR系统，同时还对这五个变量进行了单位根检验、协整检验和格兰杰因果关系检验。在VAR模型的基础之上，本书利用脉冲响应函数和方差分解技术分析人民币汇率变动对出口价格的影响。

本章的实证分析主要得出以下两点结论：

第一，自2003年1月至2008年11月，人民币名义有效汇率变动对中国出口价格的传递效应虽然具有一定程度的统计显著性，但冲击程度很小，滞后期较长，汇率传递是很不完全的，几乎可以忽略不计。分析表明，1个百分点的人民币汇率冲击（即人民币升值）最多只能引起出口价格指数0.07个百分点的变化，即人民币汇率变动的出口价格传递弹性为7%，而出口企业自我吸收消化了大约93%的本币升值影响。

第二，出口价格方差大约一半都是由出口价格自身波动引起的，国外市场竞争压力对出口价格方差的解释能力较大，而人民币汇率、出口企业生产成本、国外市场需求压力对出口价格的影响是非常有限的。

基于本章实证分析的结论，可以得出以下三点启示：

第一，从出口价格传递效应的角度来看，中国存在不完全汇率传递现象，汇率传递弹性较低。这表明，人民币汇率变动的“支出转换”效应很弱，人民币升值并不能解决中国巨额贸易顺差问题。较低的汇率传递弹性为中国的货币政策操作提供了空间和自由，货币当局应主要关注国内经济失衡问题，外部失衡很难通过汇率问题来解决。

第二，极其低弱的汇率传递弹性，这也间接证实了本书前面的分析，中国出口企业大多是从事价值链低端环节的生产，主要是低技术生产的制造业，对外不具备议价能力，市场势力很弱，面对不利的成本和汇率变动，只能自我消化吸收，很难通过价格的调整转嫁出去。这进一步挤压了原本就十分低廉的利润空间，无法承受人民币升值和通货膨胀造成的刚性成本压力，“除了倒闭就只有迁移到成本相对低廉的中西部地区”。

第三，中国迫切需要真正实现产业结构升级，进一步转变经济增长方式。一方面，需要大力加强研发投入，“苦练内功”，提高核心技术自身能力，努力培

育和造就一大批国际知名品牌，实现结构调整和产业升级，提高整体非价格竞争能力，扭转始终处于国际产业分工底层的竞争格局；另一方面，加快国内养老、医疗、教育等民生保障投入，坚持扩大内需方针不动摇，逐步降低对外部需求的依赖程度，中国靠出口支撑的投入型粗放增长模式难以为继。

# 7 人民币低汇率传递的政策含义

通过前文的分析，我们可以看出，无论理论分析还是实证研究都表明，人民币汇率变动对出口价格的传递是很不完全的。这表明也存在不完全汇率传递现象，这同众多学者的研究结论是一致的，汇率变动对进出口价格的传递是不完全的和滞后的。由于中国出口市场结构和出口贸易方式的特殊性，中国的汇率传递弹性更低①，人民币汇率变动的支出转换效应更弱。人民币汇率变动对出口价格的影响非常有限，这种较低的汇率传递弹性不仅为"人民币升值背景下贸易顺差大幅上升之谜"提供了合理的解释，而且还对目前中国面临的若干重要宏观问题提供了新的政策含义。

## 7.1 低汇率传递与人民币升值策略选择

改革开放30多年来，中国的人民币汇率基本上是服务于对外贸易战略和国民经济整体发展需要的，余淼杰（2009）指出，改革开放30多年来人民币汇率

---

① 如Mennon（1995）研究的澳大利亚传递系数大约为66%；Hooper和Marquez（1993）的研究得出，美国汇率传递系数是85%，日本和欧洲的是50%～70%；Goldberg和Knetter（1997）的研究表明，OECD各国平均传递率为0.5；Lee（1997）发现韩国的平均传递率为38%；Campa和Goldberg（2005）发现OECD 23国平均短期（一个季度）汇率传递系数为0.46，长期（四个季度）汇率传递系数为0.64，并且发现美国是其中传递率最低的国家，在短期传递系数为0.25，长期传递系数为0.4，而同期德国的传递系数分别为0.6和0.8。

改革大致概括为：十年双轨制（1984~1994年）、十年固定汇率（1994~2004年）和两次结构式调整（1994年和2005年）。人民币汇率改革滞后，人民币的价值信号长期扭曲（何志成，2009）。随着中国经济的飞速发展特别是对外贸易的巨大成功，在一系列国内外因素的共同作用下，人民币汇率制度改革成为国内外广泛关注的焦点，人民币不断面临巨大的升值压力。

第一，中国经济快速增长所带来的经济总量的扩大和效率的提高形成了人民币升值的内在动力。初步测算结果显示，1995~2003年，中国制造业劳动生产率与美国和OECD国家相比累积相对增长1.2~1.5倍。根据著名的巴拉萨—萨缪尔森（B-S）效应假说，中国可贸易部门相对于不可贸易部门的劳动生产率增长很快，近10年名义汇率未升值，致使真实汇率被严重低估（卢峰，2006）。国内外理论界也有人依据各种模型估算出人民币“应升值的幅度”，高的估计达到50%以上，低的估计也有15%以上。王泽填、姚洋（2008）研究表明，人民币自1985年以来就一直被低估，2005~2007年人民币被低估的幅度分别为23%、20%和16%。其他一些学者如Jeong和Mazier（2003）、Coudert和Couharde（2005）、Frankel（2006）等都以此估计认为人民币存在不同程度的低估。

第二，中国国际收支中的经常项目与资本项目持续出现的“双顺差”进一步强化了人民币升值的内在动力。在一般情况下，国际收支逆差表明外汇供不应求，将引起本币贬值、外币升值；反之，国际收支顺差则引起本币升值、外币贬值。从1992年开始，中国外汇储备开始稳步增长，特别自2000年起，呈快速增长趋势。2006年2月中国外汇储备达到8536亿美元，超过日本跃居世界第一，2006年10月首次突破1万亿美元大关，中国的外汇储备2008年底达到1.95万亿美元，比1992年增长了100倍（如图7-1所示）。表7-1为1992~2007年中国国际收支平衡表主要各项。可以看出，经常项目和资本项目的“双顺差”是导致外汇储备快速增长的直接原因。从1999年至今，中国国际收支中的经常项目和资本项目均为顺差，2005年以后，经常项目盈余迅速扩大，超过资本项目盈余一倍以上，成为外汇储备增加的主要来源。外汇储备规模的扩大一方面增加了人民币升值压力，另一方面因为外汇占款而增加的货币供应量又加剧了国内通货膨胀的压力，人民币长期积攒的升值压力不容小觑。

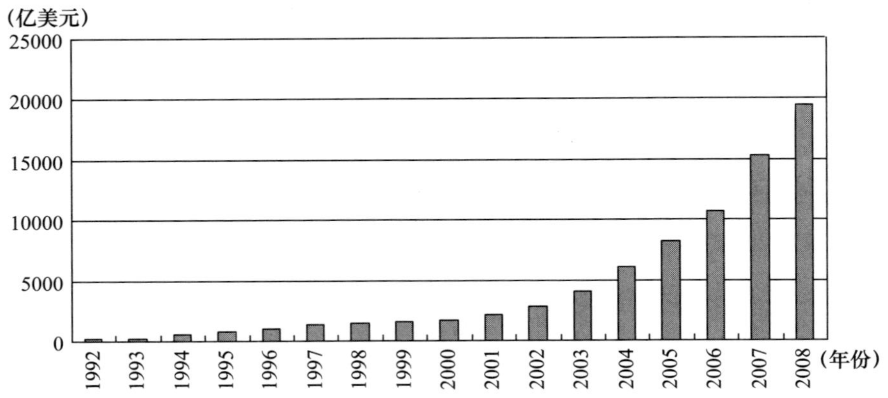


**图 7-1　1992~2008 年中国国家外汇储备余额**

资料来源：根据国家外汇管理局网站（www. safe. gov. cn）资料整理而得。

**表 7-1　1992~2007 年中国国际收支平衡表**　　单位：10 亿美元

| 年份 | 经常项目 | 资本项目 | 误差遗漏 | 储备变动 | 年份 | 经常项目 | 资本项目 | 误差遗漏 | 储备变动 |
|---|---|---|---|---|---|---|---|---|---|
| 1992 | 6.4 | -0.3 | -8.3 | 2.1 | 2000 | 20.5 | 1.9 | -11.9 | -10.5 |
| 1993 | -11.9 | 23.5 | -9.8 | -1.8 | 2001 | 17.4 | 34.8 | -4.9 | -47.3 |
| 1994 | 7.7 | 32.6 | -9.8 | -30.5 | 2002 | 35.4 | 32.3 | 7.8 | -75.5 |
| 1995 | 1.6 | 38.7 | -17.8 | -22.5 | 2003 | 45.9 | 52.7 | 18.4 | -117 |
| 1996 | 7.2 | 40.0 | -15.6 | -31.6 | 2004 | 68.7 | 110.7 | 27.0 | -206.4 |
| 1997 | 37.0 | 21.0 | -22.3 | -35.7 | 2005 | 160.8 | 63.0 | -16.8 | -207.0 |
| 1998 | 31.5 | -6.3 | -18.7 | -6.4 | 2006 | 253.3 | 6.67 | -12.9 | -247.0 |
| 1999 | 21.1 | 5.2 | -17.8 | -8.5 | 2007 | 371.8 | 73.5 | 16.4 | -461.7 |

资料来源：根据国家外汇管理局网站（www. safe. gov. cn）资料整理而得。

第三，世界经济存在的需求不足与结构失衡问题成为人民币升值的外部压力。近年来，美国、日本和欧洲经济纷纷陷入衰退，整个世界经济滑入低谷。生产能力的相对过剩与不平衡的结构缩小了世界经济的政策空间，贸易摩擦不断，保护主义抬头，人民币成为主要发达国家施压的对象。2003 年 2 月，西方七国集团财政部长会议上，日本财务大臣盐川正十郎提案，要求效仿1985年出台的“广场协议”，让人民币升值，从而引发一场有关人民币升值的博弈一直延续到今天。各国政府为了维护自身利益，特别是美国方面，给中国施加巨大的升值压力。正如蒙代尔（2005）所指出，人民币升值的问题是“中国为世界所带来的竞争力的一种冲击，不断上升的中国竞争优势对世界生产进行重新分布”。

张斌、何帆（2004）总结日本和德国货币升值的国际经验发现：一个经济大国的崛起往往伴随着货币升值。毋庸置疑，在中国经济还可以持续高速增长30多年的前提下，人民币会升值（林毅夫，2005）。2005年7月汇改以来，人民币有小幅升值，进入2008年12月以来，受全球金融危机的影响，人民币升值趋势似乎发生扭转①。但是，人民币每单位相对所含的劳动力价值仍然被严重低估，人民币中长期升值趋势不会改变（何志成，2009）。然而，20世纪80年代以来，日元大幅升值后给日本经济带来的“失落的十年”发人深省。随之而来的问题是：中国该走出怎样的一条升值路径？最大化升值收益从而避免宏观经济大起大落。较低的汇率传递弹性对人民币升值策略选择具有重要含义。

（1）人民币升值应当遵循小幅、渐进的原则，尽量避免短期内大幅升值。较低的汇率传递弹性表明国内出口企业非常缺乏市场势力和议价能力，面对人民币汇率的不利变化，出口企业很难通过提高出口价格的方式转嫁出去，只能通过挤压成本和利润空间自行消化吸收。国内出口企业主要从事价值链低端环节的生产，出口市场竞争激烈，出口利润率原本就十分低廉，调整空间非常有限。如果一定时期内人民币升值的幅度超过了出口企业承受能力，就可能诱发大面积的破产倒闭风潮。特别是在外部需求急剧下降的情况下更应该控制升值幅度。

当然，如果从另一个角度来看，较低的汇率传递弹性也为当前的人民币汇率制度提供了灵活的大好机会，那么我们可以在目前顺差大、储备足的时机把中国

① 国际清算银行公布的数据显示，2008年12月人民币实际有效汇率环比贬值1.72%。

的汇率制度进一步放开，加快升值幅度，实现接近市场化汇率水平，迫使企业调整出口策略，同时使得中国的劳动力密集型出口企业由东部向中西部转移，实现劳动力资源的价格提升。但是这样的调整和转移对于企业乃至于整个行业而言需要一个适应的过程，因此考虑到广大的制造业企业的承受能力，汇率升值的幅度要适当考虑放慢脚步，充分考虑到加速升值幅度之后产业迅速转移所带来的大面积停产和失业等问题。

这种不同的政策选择就主要取决于阶段性的政策目标选择问题，如果政策目标以保持宏观经济问题为主，那么就应该控制升值幅度；如果政策目标以促进出口产业结构调整和升级为主，那么也不妨采取加快升值的做法。

（2）人民币升值应当在稳定通货膨胀或保持低通胀的经济环境下进行。一般说来，在高通货膨胀情况下，原材料和劳动力成本会形成上行压力，使出口成本上升。而国内出口企业大多数在国际市场上缺乏议价能力，对成本的变动异常敏感。如果在这种情况下，人民币升值，这种成本上升和汇率变动带来的双重压力很可能急剧恶化出口企业的利润水平，以至于出口企业不得不退出出口市场。此外，诸如出口退税率向下调整等挤压出口企业利润空间的政策措施都应该尽量避免与人民币升值同期进行。

（3）短期内，人民币汇率应该以保持稳定为宜。人民币汇率传递弹性具有很强的时滞性。从2005年7月至2008年11月，根据BIS公布的，按照贸易权重计算，参考一篮子货币计算的人民币名义有效汇率累计升值19.71%，人民币实际有效汇率累计升值25.06%，升值幅度明显。特别是，同一时期国内出现明显的通货膨胀迹象，原材料成本上升，新劳动合同法实施造成劳动力成本不同程度上升以及其间国家几次对出口退税政策进行调整，这些不利影响层层叠加在一起，再加上受国际金融危机影响，国际市场需求放缓，国内出口企业困难重重。当然，如果人民币汇率贬值，在全球经济普遍萧条的形势下，则有可能诱发东南亚国家竞相贬值，从而引发贸易保护主义，这反而更不利于中国乃至全球经济的复苏。

## 7.2　低汇率传递与出口贸易战略调整

改革开放之后，从实践来看，中国采取的是“出口导向”的对外贸易发展模式，始终把鼓励出口放在首位，千方百计扩大出口量（李计广等，2008）。出口占国内生产总值的比重，由1978年的4.6%上升到2007年的37.5%。在这个过程中，中国出口商品结构不断优化升级，实现了从以初级产品为主到以工业制成品为主、以轻纺等劳动密集型产品为主到以机电和高新技术产品等资本技术密集型产品为主的伟大转变。工业制成品占据了中国出口商品的绝对主导地位。不断扩大的出口规模成为推动国民经济持续和稳定增长的重要力量。2007年，中国货物和服务净出口对GDP的贡献率为21.5%，拉动GDP增长2.6个百分点。

较低的汇率传递弹性表明中国出口企业在国际市场上严重缺乏市场势力和议价能力，为了维持原来的市场份额，不惜以牺牲利润来吸收本币升值带来的价格上涨，这就使本已非常低薄的利润率雪上加霜①。目前，中国已经成为闻名于世的“世界工厂”和“出口大国”。但是，“中国制造”不等于“中国创造”，“出口大国”不等于“出口强国”。出口虽然拉动了中国经济增长，但由于出口市场过度竞争，出口企业相互低价竞销，国家从出口贸易中获取的利润份额很低②。以“代工”和“贴牌”生产为主的“中国制造”，在全球产业价值链分工中处于

① 中国人民银行天津分行组织的对辖区内出口企业的调研表明，2008年上半年，样本企业出口销售收入继续增长，年均增长54.2%；但出口利润率出现下降，出口销售利润率仅为4.4%，分别比2006年和2007年下降了6.4个百分点和4.5个百分点。

② 中央财经大学中国银行业研究中心课题组在全国组织的调研结果表明，低利润率是我国出口企业的一大特征，超过半数的出口企业2007年度税后利润率集中在3%以下和3%～5%的水平。

“微笑曲线”① 的低端。中国出口主要依靠廉价劳动力带来的规模和价格优势取胜，缺乏核心竞争能力。2007年中国出口177亿件服装，平均每件服装的价格仅为3.51美元，平均每双鞋的价格不到2.5美元；在美国市场上流行的芭比娃娃的价格是10美元，中国苏州企业所得仅0.35美元；罗技公司每年向美国运送2000万个“中国制造”的鼠标，这些鼠标在美国的售价大约为40美元，中国从每个鼠标中仅能得到3美元，而且工人工资、电力、交通和其他经常开支全都包括在这3美元里。中国出口绝大部分是由外资产业而非本国产业完成的。中国依靠廉价的劳动力和各种优惠的政策，采取了较为激进的经济自由化方针，大量吸引跨国公司的直接投资，造成中国经济对外资和海外市场的双重依赖。没有自有品牌，单纯地给外商提供厂房——这种情况被形象地称为“房东现象”。作为“房东”，我们在只能获取微薄利润的同时，不仅耗费了大量的能源和原材料，还污染了环境②，并引来大量的贸易摩擦，可谓代价颇大。

过低的利润空间使国内出口企业无力投入资金进行研发，也无法进行资本和技术积累实现产业升级，始终处于国际分工底层，导致中国坠入了“无技术工业化”的陷阱（岳健勇，2009）。中国科技含量高的产品只占出口总额的5%，我们的科技成果转化率仅为5%，只相当于美国、日本的1/9。即中国高新技术产品中八成以上是由外资企业生产的，而其中大部分是低水平、劳动密集型的贴牌加工，属于内资企业自主知识产权的产品份额还不高，自有品牌还不多。数字显示，2005年中国外商投资企业出口占总出口的58.3%，其中高新技术产品出口中，外资企业出口比例超过85%，在2005年世界品牌500强中，美国有249个，

① 在参与国际分工的大背景下，整个产业链可分为研发设计、加工生产、销售服务三大部分，三部分的利润分布呈现“U”字形，即形成所谓的“微笑曲线”。在这个曲线中，加工制造位于曲线的最底端，且利润最薄。

② 据有关资料表明，中国能耗是世界平均水平的3倍。中国的GDP只有全世界的5%，2005年中国却消耗了占世界8%的原油、20%的铝、30%～35%的世界钢产品和铁矿砂、40%左右的水泥。我国每年废水排放总量达500亿吨，二氧化硫排放量超过2000万吨，居世界第一。更有研究表明：过去的20年中，由于环境污染和生态破坏，每年造成的经济损失相当于GDP的7%～20%。

法国有 46 个，日本有 45 个，而中国只有 4 个。中国自主品牌出口尚不足 10%，全国出口企业中，拥有自主品牌的不到 20%，称得上世界名牌的更是寥寥无几。国内名牌企业对出口的贡献度还很低，据统计，中国出口 500 强中，34 个中国名牌出口企业的出口额仅占出口总量的 6%。这种单纯以规模扩张和经济增长为取向的出口贸易发展模式亟待转型。

中国出口企业若要获得更多的附加值，就必须向“微笑曲线”的两端延伸，进入价值链的高端，促进出口贸易从数量规模型向质量效益型方向发展。为此，一是要提升本国出口企业的自主创新能力，推动结构调整和产业升级，并着力培育自主品牌，实施名牌带动出口产业发展战略，促进出口企业由 OEM 向 ODM 和 OBM 升级①。在这个过程中特别是应该逐步调整过度鼓励出口的对外贸易政策，调整包括出口退税和出口补贴等在内的出口奖励和补助政策，迫使出口企业实现结构调整和产业升级，扭转大量的出口企业主要利润来源于出口退税和其他各种政府补贴的局面。二是应修改包括迄今赋予外资企业在税收方面的优惠政策在内的“超国民待遇”，给予国内企业在平等条件下竞争的权利，这也符合世界贸易组织（WTO）的内外无差别原则。三是压缩过剩产能，鼓励企业兼并联合，特别是要进一步发挥行业协会之类的约束和协调机制，避免大量小而散的出口企业在出口市场低价竞销、恶性竞争。四是大力发展服务贸易出口，服务贸易具有高技术含量、高附加值、环保节能等特点。据世贸组织统计，2007 年中国服务贸易出口额为 1270 亿美元，占世界服务贸易份额的 3.9%，居世界第七位，这与中国贸易大国的地位很不相称。五是为了防止贸易摩擦和贸易条件的进一步恶化，应努力实现由出口驱动型增长方式向内需驱动型增长方式的转变，增加消费，扩大内需，协调出口、投资和消费的平衡关系。

① OEM（Original Equipment Manufacturing）是指原始设备制造商，即按原单位委托合同进行产品制造，用原单位商标，由原单位销售经营，俗称“贴牌生产”或“定牌生产”，我国的加工贸易出口大都属于此类；ODM（Original Design Manufacturing）是指原始设计制造商，即按照委托企业要求，由公司设计并生产，但是不使用本公司的品牌，也不负责产品销售；OBM（Original Brand Manufacturing）是指原始品牌制造商，即企业生产自有品牌的产品，负责生产、设计、品牌优势建立与购买者之间的联系。

## 7.3 低汇率传递与经济增长方式转变

在消费、投资和出口拉动经济增长的三驾马车中，中国居民消费率明显偏低，经济增长对投资和出口的依赖程度过高。这两项在 2007 年对 GDP 增长的贡献超过了 60%。过高的投资率造成严重的国内产能过剩问题，而过剩的产能在内需不足的情况下又必然向外部市场寻找出口，进一步恶化了出口竞争市场格局。较低的汇率传递弹性正是这种局面的间接反映。中国应该是一个以内需为主的经济大国，外需比重不宜过大，否则外需波动容易造成经济大起大落。这种过度出口导向型的经济增长方式亟待转型。

第一，要从出口导向型经济增长向内需导向型经济增长模式转变。中国的“世界工厂”地位在很大程度上根源于低廉的劳动力成本获得的价格优势，也可以看作 20 世纪六七十年代婴儿潮带来的“人口红利”。如果不能利用人口红利窗口创造的财富来改变经济增长方式，待人口红利窗口关闭时，留给中国的恐怕只有污染的河流、沙漠化的土地、垃圾包围的城市。要改革目前收入分配格局，努力增加居民特别是农村居民收入，建立健全覆盖全社会的社会保障体系，让全体居民能享受由高速经济增长带来的福利。

第二，增强自主创新能力，提高经济增长的质量和效益。目前，中国工业化还处在初级阶段，缺乏具有核心竞争力的产品和企业，主要靠低劳动成本来获得价格优势，中国经济增长的质量和效益还比较低。这主要在于没有自主技术创新，制造业严重依赖外国技术和投资。同日本、韩国相比，中国的技术引进还主要依赖于技术和设备的整套进口，技术的吸收和再创新比重非常低。当时，韩国和日本技术引进和消化吸收费用之比分别为 1:5 和 1:8，而中国工业企业技术引进费用与消化吸收费用之比为 1:0.06。2005 年中国 R&D（研发）投入仅为 1.35%，2006 年研发经费支出占国内生产总值的 1.41%，虽创历史新高，但与发达国家 2% 以上

的水平还有较大差距。因此，应加大研发投入，建立有利于自主创新的体制机制。通过自主创新，促进产业结构调整和升级，逐步提高经济增长的质量和效益。

第三，理顺资源要素成本价格，转变高投入、高消耗型增长方式。中国经济增长基本上属于以外延扩张为主的粗放型增长方式，发展经济主要依靠增加投入，追求数量扩张。在以高投入、高消耗、高排放、高污染为主要特征的粗放型经济增长方式下，投资效率不高进一步加剧了投资规模膨胀，导致投资率保持较高水平。这主要是中国长期资源要素价格管制和扭曲的结果。中国经济过去的高增长、低通胀很大程度上是严重透支的结果，透支了要素低估（煤、电、油、运、水、气等资源要素价格都远远低于国际平均水平），透支了人口红利（从20世纪80年代到21世纪初的20多年时间里，如果剔除通货膨胀的因素，农民工的工资几乎没有什么增长），透支了环境的红利。作为一个人口众多的发展中大国，中国的人均资源拥有量相对短缺，很多重要资源的人均拥有量大大低于世界平均水平。如人均耕地只有世界平均水平的40%，人均淡水资源量只有25%，人均森林占有面积仅为20%；45种主要矿产资源人均占有量不到世界平均水平的50%，石油、天然气、铁矿石、铜和铝土矿等重要矿产资源人均储量分别只为世界平均水平的11%、4.5%、42%、18%和7.3%。就连我们目前竞争优势主要来源的“人口红利”，中国社会科学院人口与劳动经济研究所所长蔡昉（2008）指出，中国已初步进入“刘易斯拐点”[①]，预计人口红利2013年终结。经济增长方式转变就是把依赖资本和劳动的投入转到依赖全要素生产率的提高。增长方式转变过程中的阻力主要就是要素价格的扭曲，价格扭曲的程度越深，转变得越慢。新的经济增长方式确立的前提和核心在于整个价格体系的重构。理顺要素价格机制、逐步解除价格管制，国内资源要素价格逐步与国际全面接轨。只有要素价格上涨，才会迫使那些严重消耗资源的企业关门停产或转型，迫使企业节能减耗，迫使企业节约要素的使用，迫使企业自主创新、通过技术进步提高生产率来消化成本上升的压力。

① 劳动力从无限供给到短缺的转变，被称为“刘易斯拐点”。

## 7.4 低汇率传递与最优货币政策选择

在开放经济条件下，外部冲击会对国内经济产生重要影响，因此，一国在实施货币政策时必须考虑汇率等外部冲击的影响。同时，为了减少汇率变动冲击的影响，一国也必须运用利率等货币政策工具对汇率冲击做出相应的调整。大量实证研究表明，汇率传递弹性特别是在短期内是设计货币政策时必须考虑的一个非常重要的变量，例如，Ball（1999）、Corsetti 和 Pesenti（2005）、Devereux 和 Engel（2000，2003）等。汇率传递效应会反映贸易流量对汇率冲击做出如何反应，对于反通胀的货币政策设计有重要的意义。此外，在开放经济中，货币政策除了需要在通货膨胀和失业之间建立均衡外，还需要在通货膨胀与汇率目标之间建立均衡。因此，一国要么允许汇率自由浮动并运用货币政策来维持通货膨胀目标，但是，在这种情况下，经济将更多地到外部冲击的影响；要么通过外汇市场干预维持汇率稳定的方式来使经济免遭受外部冲击的影响，但是，在这种情况下，货币政策是汇率变动的内生变量，并且通货膨胀目标难以维持。

2005 年 7 月 21 日，中国人民银行宣布人民币汇率制度不再盯住美元，而是实行以市场供求为基础、参考一篮子货币进行调节、有管理的浮动汇率制度，汇率波动已经成为影响中国经济的重要变量，中央银行应如何实施货币政策以应对汇率变动对政策目标的未预期冲击也成为一个重要课题。

目前，中国货币政策的目标是“保持货币币值稳定，并以此促进经济增长”。而一般认为，币值稳定包括货币对内币值（物价）稳定和对外币值（汇率）稳定两个方面。较低的汇率传递弹性为中国央行提供了制定和实施独立货币政策的空间和自由。从治理通货膨胀的角度来看，一方面，由于汇率变动的价格传递效应较低，因此，中国人民银行没有必要盯住汇率，关键是盯住其他可能对通货膨胀具有重要影响的因素，从而可以为实现更富弹性的汇率制度创

造条件；另一方面，较低的汇率传递弹性可能表明升值对缓解通胀压力效果十分有限，因此，中国人民银行不应把缓解通货膨胀压力过多地寄托于本币升值上，而应该更多地依靠稳定、可信和从紧的货币政策来稳定通货膨胀和通货膨胀预期。

## 附录 1

# 破解人民币升值背景下中国贸易顺差大幅上升之谜

## ——一个基于不完全汇率传递视角的解释

吴东立　李　艳　高凌云

**摘要：** 2005 年 7 月人民币汇率形成机制改革以来，在人民币快速升值的同时，中国对外贸易顺差反而不断扩大，从而出现了“人民币升值背景下贸易顺差大幅上升之谜”。本文从不完全汇率传递的视角对这一现象给出了合理的解释。

**关键词：** 人民币升值；不完全汇率传递；贸易顺差

## 一、引言

汇率作为一国货币的对外价格，是一国进行对外经济活动时最重要的综合性价格指标。在开放经济条件下，汇率在国际贸易和其他对外经济活动时执行着价格转化职能，是一种重要的经济杠杆。2005 年 7 月 21 日，我国启动了新一轮的人民币汇率形成机制改革，实行以市场供求为基础的、参考一篮子货币进行管理的浮动汇率制。从 2005 年 7 月至 2008 年 11 月，根据 BIS（国际清算银行）公布的人民币名义有效汇率累计升值 19.71%，人民币实际有效汇率累计升值 25.06%，升值幅度明显。按照传统国际经济学分析框架，人民币如此大幅度的升值，必然会提高我国出口商品价格，降低进口商品价格，从而削弱我国出口商品竞争力，抑制出口，促进进口，这样有助于扭转我国外部经济长期失衡的“双顺差”局面。然而，事实恰恰相反。在人民币快速升值的同时，我国对外贸易规

模不断增长，经常项目顺差持续攀升，并屡创历史新高。2006 年，中国对外贸易顺差比 2005 年增长了 74%，2007 年对外贸易顺差更是达到了 2622 亿美元的历史高位，较 2006 年的 1774.7 亿美元增长了 47.7%，位居世界第一。国内有人将其称为“人民币升值背景下贸易顺差大幅上升之谜”（李世新，2007）。

历史似乎惊人的相似，1985 年“广场协议”签订，日元对美元汇率大幅升值后，日本对美国的巨额贸易顺差不但没有得到有效消除，反而进一步扩大了。这就产生了所谓日元升值后日本对外贸易之“谜”（Export Puzzle）一说。20 世纪 80 年代中期以来，这个“谜”就一直是国际经济学界研究的热点之一。这些传统国际收支理论所不能解释的现象需要从新的视角进行解读。本文从汇率不完全传递的角度对这一问题给出较好的解释。

## 二、汇改以来人民币升值与中国对外贸易顺差

2005 年 7 月 21 日人民币汇率形成机制改革以来，人民币对世界上主要货币总体来看都呈现升值态势。其中，人民币对美元汇率保持单边稳步升值的态势，对日元、欧元和英镑汇率走势有升有降，但总体呈现升值走势。截至 2008 年 10 月 16 日，人民币对美元累计升值 18.75%，人民币对欧元累计升值 9.38%，人民币对日元累计升值 7.88%，人民币对英镑累计升值 26.16%。按照国际清算银行公布的人民币名义有效汇率指数来看，从 2005 年 7 月至 2008 年 9 月，按照贸易权重计算，参考一篮子货币计算的人民币名义有效汇率累计升值 13.41%，升值幅度明显，如图 1 所示。

汇改以来，在人民币不断升值的同时，我国对外贸易继续保持平稳较快发展，进出口总额和贸易顺差屡创历史新高。2007 年我国实现进出口总额达到 21738 亿美元，同比增长 23.5%，实现连续 6 年增长 20% 以上，首次跃上 2 万亿美元的新台阶，进出口继续稳居世界第 3 位，出口名列世界第 2 位。在汇改以来的 39 个月（2005 年 7 月至 2008 年 9 月）中，进出口总体保持单边增长态势，并且全部实现月度货物贸易顺差，如图 2 所示。

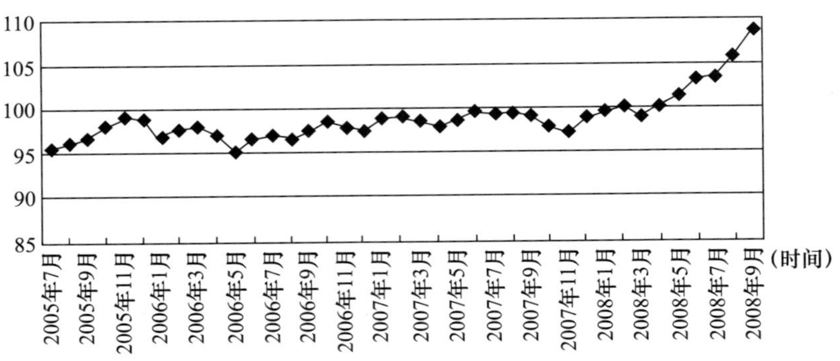


**图 1　汇改以来人民币名义有效汇率指数变动情况**

资料来源：国际清算银行网站（www. bis. org），以 2000 年为基期。

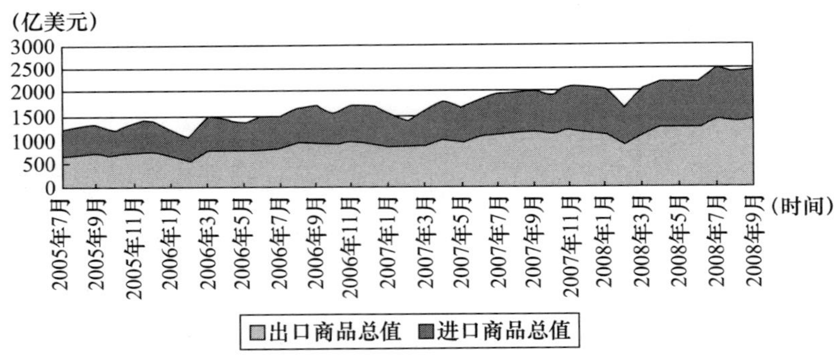


**图 2　2005 年 7 月至 2008 年 9 月中国月度进出口总值情况**

资料来源：国家外汇管理局、中华人民共和国商务部。

## 三、不完全汇率传递相关文献回顾

汇率传递（Exchange Rate Pass - Through，ERPT），或称汇率转嫁、汇率传导，通常是指汇率变化对贸易商品价格的影响程度，汇率变动有多少被进出口价格和国内价格吸收（Ohno，1989）。汇率传递在数量上表示为汇率每变动 1% 所导致的进出口价格变动的百分比，即名义汇率变化所带来的价格改变量。

按照传统国际经济学的分析框架，根据一价定律，购买力平价理论（Cassel，1922）认为，汇率等于国家之间的价格水平之比，因此汇率发生变动会导致国家之间的价格水平发生相应的变动，即汇率对价格传递是完全的和及时的。所以汇率具有弹性价格的调节功能，可以作为调节外部经济失衡的重要工具。Friedman（1953）曾以此来论述浮动汇率制度的优越性。然而20世纪80年代中期，1985年前后美元经历了大幅度升值和随后的贬值，很多实证研究发现美国的进口价格并没有发生明显的改变，美国的贸易赤字问题依然没有得到扭转。后来许多学者大量的实证研究和经验分析都强有力地表明，对于大多数贸易商品和总体物价水平来说，汇率波动与价格水平之间存在弱的相关性，即存在不完全汇率传递（Incomplete Exchange Rate Pass - Through）效应（Krugman，1987；Menon，1995；McCarthy，2000；Campa 和 Goldberg，2005）。如 Campa 和 Goldberg（2005）利用1975～2003年的季度数据对OECD 23国的进口价格汇率传递效应进行了实证分析。结果表明，1975～2003年OECD 23国平均短期（一个季度）汇率传递系数为0.46，长期（四个季度）汇率传递系数为0.64。大量研究都强有力地表明，不完全汇率传递是长期内普遍存在的现象，而且20世纪90年代以来大量的实证研究发现许多国家的汇率传递效应都呈现出显著的下降趋势（McCarthy，1999；Gagnon 和 Ihrig，2001；Frankel、Parsley 和 Wei，2004；Mumtaz，2006）。

理论研究表明，完全的汇率传递是以世界市场的完全竞争为前提，而不完全汇率传递则是由于世界市场不完全竞争的结果，同时，一些产业组织因素也影响汇率传递。Dornbusch（1987）、Hooper 和 Mann（1989）从市场集中度、产品同质性、产品替代程度以及国内外厂商相对市场份额来分析汇率传递效应，认为如果市场集中程度提高，进口商品用国内货币标价的范围扩大，则汇率传递系数会降低；如果产品的同质和替代程度提高，国外厂商相对于国内竞争者的市场份额扩大，则汇率传递系数会上升。此外，其他学者从沉没成本、国家规模、对外开放程度、全球化生产布局、国际营销策略、汇率变动预期等方面解释了不完全汇率传递效应的存在。

关于人民币汇率传递效应的研究，国内一些学者的研究基本上得出了类似的结论（卜永祥，2001；范从来等，2003；杜晓荣，2006；李伟平等，2008）。而且在我国的对外贸易发展当中有一个独特的现象就是：外资企业主导的加工贸易出口独占半壁江山（吴东立等，2008）。从直观上看，我国这种由外资企业主导的加工贸易出口占据半壁江山的出口结构，会对人民币汇率变动的传递效应在两个方面产生影响：一方面，在加工贸易中，出口企业同时也是进口企业，具有“大进大出、两头在外”的典型特征。在人民币汇率升值幅度一定时，如果加工贸易企业的出口量和进口量相等，则人民币升值对企业成本不产生任何影响，因此可能会弱化汇率的传递效应。另一方面，许多外商投资企业都是跨国公司，可以在全球范围内配置资源，具备较强的自主定价能力，加工贸易中与境外母公司关联交易现象明显，可能会通过“虚假定价”、“转移定价”等方式进行避税，这样在一定程度上会使出口价格对汇率变动不敏感，弱化汇率传递效应。因此，人民币汇率不完全传递效应可能更明显，汇率传递率更低。

## 四、不完全汇率传递与中国对外贸易顺差大幅上升之谜

汇率作为一国货币相对于另一国货币的价格，汇率的变动对经常项目和其他宏观经济变量都有重要影响。因此，汇率是开放经济环境下的核心经济变量。关于汇率变动与贸易收支之间关系的研究一直是国际经济学领域的重要研究热点，并已形成了大量系统的理论学说，如弹性分析法、时滞效应分析法、吸收分析法和货币分析法等。虽然这些理论各自从宏观和微观等不同视角对汇率变动与贸易收支的关系进行了解读，但是这种分析解读往往不是对汇率变动与贸易收支的关系进行了高度的抽象，就是分析过程有严格的前提假设（赵大平，2007），忽略了汇率变动对贸易收支影响的中间传导过程，即汇率变动对进出口商品价格的影响。而汇率变动能否影响贸易收支，以及在多大程度上能影响贸易收支，关键在于汇率变动怎样影响进出口商品价格，以及在多大程度上影响进出口价格，即汇率传递的程度和速度。因此，汇率传递效应应当是分析汇率变动影响贸易收支的重要因素。人民币汇率升值能否减少贸易顺差以及在多大程度上减少贸易顺差就

取决于人民币汇率传递效应的大小。

2005年7月人民币汇率形成机制改革以来，人民币汇率总体上呈现不断升值的态势。要分析人民币升值对中国对外贸易顺差的影响，就必须要分析人民币升值情况下汇率传递效应的大小。这可以从以下两个方面进行：

一方面，是人民币汇率变动的出口价格传递效应。目前，我国已经成为闻名于世的“世界工厂”和“出口大国”。但是，“中国制造”不等于“中国创造”，“出口大国”不等于“出口强国”。中国目前参与国际化经营的企业仍以中小型企业为主，企业总体规模较小，经济实力不强，主要以“贴牌”代工为主，缺乏核心技术和自主品牌，主要依靠劳动力的比较优势带来的规模效应和价格优势参与竞争，主要从事价值链低端环节的生产，非价格竞争能力很弱。由于投资过热，国内产能长期过剩，而内需又相对不足，因此，对国外市场的依赖性高，经济对外依存度极高，大量小而散的出口企业在出口市场恶性竞争，低价竞销的结果是逐渐丧失了众多产品的定价主导权。而其中大部分是低水平、劳动密集型的贴牌加工，属于内资企业自主知识产权的产品份额还不高，自有品牌还不多。这种状况表明，在面对人民币升值的条件下，国内出口企业由于非常缺乏市场势力和议价能力，面对人民币汇率的不利变化，出口企业很难通过提高出口价格的方式转嫁出去，只能通过挤压成本和利润空间自行消化吸收，即人民币汇率变动的出口价格传递效应很弱。汇改以来，人民币大幅升值并没有削弱我国出口商品的价格竞争力，而且在此期间受全球通货膨胀的影响，这种价格竞争力甚至有可能增强，因此，在人民币升值的同时，中国出口份额能够继续保持增长态势。

另一方面，是人民币汇率变动的进口价格传递效应。从中国进口的角度来看，中国进口的商品构成主要可分为两大类：一是国内经济发展所需的技术含量相对较高的高新技术产品和资源型的初级原料产品；二是加工贸易出口所需的原材料、半成品和成套设备。从高新技术产品和成套设备来看，这类产品具有较高的技术含量，国外出口商市场势力较大，在人民币升值的时候，很可能会通过提价的方式攫取人民币升值带来的额外垄断利润，以人民币表示的进口价格并没有出现同等比例的下降，即人民币汇率变动的进口价格传递效应是不完全的。而资源型的初级原料产品的供给往往由国外大型跨国公司垄断经营，并且大多是国内紧缺的初级原材料，需求刚性较强，中国进口企业市场议价能力很弱，往往陷入任人宰割的地步，汇率变动的进口价格传递弹性也会很弱。而且汇改以来的三年内，也正是国际上铁矿石、原油、有色金属等大宗原材料价格大幅上涨的时候，人民币升值的效应完全被价格的上涨所抵消，这会在一定程度上抑制国内需求。因此，在人民币升值的同时，由于进口商品价格并没有出现明显回落，反而受大宗原材料价格上涨影响会有一定程度上涨，中国进口份额增长受到很大限制。

因此，我们可以看出，汇改以来在人民币快速升值的同时，由于人民币汇率变动较低的价格传递率较低，这就弱化了人民币升值的“支出转换效应”，再加上市场需求等其他因素的综合作用，从而出现了在人民币快速升值的同时中国对外贸易顺差大幅上升这一“异象”。

## 参考文献

［1］毕玉江，朱钟棣．人民币汇率变动与出口价格：一个分析框架与实证检验［J］．世界经济研究，2007（1）：35－42.

［2］卜永祥．人民币汇率变动对国内物价水平的影响［J］．金融研究，2001（3）：32－45.

［3］赵大平．人民币汇率传递对中国贸易收支的影响［M］．上海：上海人民出版社，2007.

［4］李亚芬．日元升值对经济影响的综合分析［J］．国际金融研究，2008（11）：44－49.

［5］马宇．汇率变动对进出口价格的影响：汇率传递研究综述［J］．浙江金融，2007（10）：13－14.

［6］向东．汇率变动的支出转换效应——新开放经济宏观经济学的观点综述［J］．国际金融研究，2004（1）：50－55.

［7］吴东立等. 汇率变动与出口价格传递——一个扩展的古诺模型［R］. 第二届亚太经济与金融论坛，2008.

（本文发表于《经济金融观察》2009 年 5 月第 392 期）

# 附录 2

# 人民币升值对中国大豆进口影响的实证研究

吴东立　林俏俏

（沈阳农业大学经济管理学院　辽宁　沈阳　110866）

**摘要**：利用 2005 年 8 月至 2014 年 8 月的月度数据，以大豆进口量为因变量，中国国民收入、人民币名义有效汇率、国内物价水平和国际市场价格水平为自变量，通过构建 C－D 函数形式的计量模型，采用 ADF 检验、Granger 因果检验、OLS 回归等计量经济学方法，实证分析得出结论，人民币升值会促进中国大豆进口量的增加，并从国家、企业、农户 3 个视角提出相关的建议。

**关键词**：人民币升值；大豆；进口；C－D 函数模型；ADF 检验；Granger 因果检验

# Empirical Research on the Effect of RMB Appreciation on China's Soybean Import

Wu Dong－li，Lin Qiao－qiao

（College of Economics & Management，Shenyang Agricultural University，Shenyang 110866，Liaoning）

**Abstract**：Applying monthly data from Aug. 2005 to Aug. 2014，the authors took

---

**收稿日期**：2015 年 3 月 10 日。

**基金项目**：教育部人文社科基金一般项目（12YJA630143）。

**作者简介**：吴东立（1979～），男，河南驻马店人，博士，副教授，主要研究方向为农村财政金融。E－mail：13390569001@189.cn。林俏俏（1988～），女，山东济宁人，硕士，主要研究方向为农村财政金融。E－mail：linqiaoqiao1989@163.com。

soybean import volume as dependent variable, and chose Chinese national income, nominal RMB exchange rate, domestic price level and international market price level as independent variables to build a C－D function form as the quantitative model, using some econometric methods, such as ADF test, Granger causality test and OLS regression. The results from empirical analysis showed that RMB appreciation would promote the increase of China's soybean import volume, then some related recommends from the aspects of nation, enterprise and farmer were proposed.

**Key Words**: RMB appreciation; soybean; import; C－D function model; ADF test; Granger causality test

随着我国经济的快速发展，人民币汇率在全球经济中的影响力也越发举足轻重。近年来人民币升值成为全球最重要的货币现象之一。2005 年 7 月 21 日汇率改革以来，人民币升值趋势更加明显。在人民币不断升值的同时，我国大豆进口持续增加，2014 年我国大豆进口 7140 万吨，占粮食进口总量的 70% 以上，大豆成为我国进口量最大、用汇最多的农产品之一。研究人民币升值对我国大豆进口的影响效应具有重要意义。

## 1　模型构建及数据

### 1.1　构建计量模型

经济学有关理论指出，一国的进口受许多因素的影响，主要包括该国货币币值的变化、国民收入、国内物价水平、国际市场价格水平等因素。当该国货币升值时，国外的进口商品相对便宜，进口将会增加。由于可支配收入的增长代表着支出和需求的增长，一国国民收入的增长也会促进该国进口需求的增长。一般来说，国内价格水平提高，从国外进口的商品价格则相对降低，从而促进进口的增加。相反，在一定程度上，提高国际价格水平会降低进口需求[1]。由于国内、国际价格的月度数据没有相关统计，借鉴相关学者的研究，国内、国际价格分别参考我国、美国的居民消费者平均物价指数[2]。根据以上理论基础，将我国大豆进口量作为因变量，人民币汇率波动、我国国民收入、国内物价水平（我国居民消费者平均物价指数）、国际市场价格水平（美国居民消费者平均物价指数）等因素作为自变量，可以建立如下经济学计量模型：

$$\ln M = \beta_0 + \beta_1 \ln NEER + \beta_2 \ln Y + \beta_3 \ln CCPI + \beta_4 \ln UCPI + \mu_t$$

其中，$M$、$NEER$、$Y$、$CCPI$、$UCPI$ 分别表示我国大豆进口量、人民币名义有效汇率、我国国民收入、我国居民消费者平均物价指数、美国居民消费者平均物价指数；$\beta_0$、$\mu_t$ 分别为截距、随机误差项。将以上数据做对数处理，以避免异方差的影响；$\beta_1$、$\beta_2$、$\beta_3$、$\beta_4$ 分别为我国大豆进口对人民币名义有效汇率、国民收入、国内物价水平、国际市场价格水平变化的弹性系数。

根据经济学相关理论做出如下四个推论：

推论 1：人民币升值可能会有利于我国大豆进口量增加，即 $\beta_1 > 0$。

推论 2：我国国民收入的增加可能会推动我国大豆进口量增加，即 $\beta_2 > 0$。

推论 3：我国国内物价水平的提高可能会带动我国大豆进口量增加，即 $\beta_3 > 0$。

推论 4：国际市场价格水平的提高可能会使我国大豆进口量降低，即 $\beta_4 < 0$。

### 1.2　数据选择与描述性统计

本研究的样本区间为 2005 年 8 月至 2014 年 8 月的月度数据，有关数据来源及说明如下：大豆进口数据主要来源于中华人民共和国商务部；人民币名义有效汇率数据来自国际清算银行；我国居民消费者平均物价指数来自国家统计局；美国居民消费者平均物价指数来自美国劳工部[3]；我国国民收入用国内生产总值（GDP）表示，但是由于没有 GDP 月度数据，本研究用工业增加值月度数据进行替代，数据来源于统计局网站、中经网、国研网等网站[4]。各变量的描述性统计如表 1 所示。

**表 1　变量描述性统计**

| 变量 | 观测值 | 均值 | 标准差 | 最小值 | 最大值 |
|---|---|---|---|---|---|
| $M$（万吨） | 109 | 392. 40090 | 143. 351900 | 111. 70000 | 747. 5000 |

续表

| 变量 | 观测值 | 均值 | 标准差 | 最小值 | 最大值 |
|---|---|---|---|---|---|
| *NEER* | 109 | 99.98092 | 8.199176 | 87.43000 | 115.6200 |
| *Y*（亿元） | 109 | 11740.62000 | 3782.950000 | 5454.00600 | 20426.4900 |
| *CCPI* | 109 | 103.02570 | 2.305726 | 98.20000 | 108.7000 |
| *UCPI* | 109 | 218.47540 | 11.687550 | 196.10000 | 237.9090 |

注：*Y* 用工业增加值代替。

本研究使用 EViews 6.0 软件，利用普通最小二乘法（OLS）加以估计，采用自回归滑动平均（AR－MA）模型进行调整[5]。

## 2 实证分析

### 2.1 ADF 检验

本研究的数据为时间序列数据，并且采用 OLS 回归，前提条件是各个变量采用的数据具有平稳性。由此，需要先进行各个变量的平稳性检验，若平稳才能继续进行回归分析。

下面运用 ADF 检验对变量的平稳性进行检验。ADF 检验采取不含趋势项和截距项的形式，以 AIC 和 SC 值最小为准则，确定滞后阶数为 12。

由表2 可知，变量 ln*M*、ln*NEER*、ln*CCPI*、ln*UCPI* 本身不平稳，但其一阶差分平稳，变量 ln*Y* 的二阶差分平稳。因此，本研究选取的变量是平稳的。

**表2 ADF 单位根检验结果**

| 变量 | ADF 值 | 1% 临界值 | 5% 临界值 | 10% 临界值 | 平稳性 |
|---|---|---|---|---|---|
| ln*M* | 3.015237 | －2.589020 | －1.944175 | －1.614554 | 不平稳 |
| D（ln*M*） | －7.923493 | －2.587607 | －1.943974 | －1.614676 | 平稳 |
| ln*NEER* | 1.310283 | －2.586753 | －1.943853 | －1.614749 | 不平稳 |
| D（ln*NEER*） | －6.769522 | －2.586753 | －1.943853 | －1.614749 | 平稳 |

续表

| 变量 | ADF 值 | 1%临界值 | 5%临界值 | 10%临界值 | 平稳性 |
|---|---|---|---|---|---|
| ln*Y* | 2. 232868 | -2. 589273 | -1. 944211 | -1. 614532 | 不平稳 |
| D（ln*Y*） | -1. 548429 | -2. 589273 | -1. 944211 | -1. 614532 | 不平稳 |
| D（ln*Y*，2） | -47. 947570 | -2. 589273 | -1. 944211 | -1. 614532 | 平稳 |
| ln*CCPI* | 0. 186532 | -2. 589273 | -1. 944211 | -1. 614532 | 不平稳 |
| D（ln*CCPI*） | -4. 444412 | -2. 589273 | -1. 944211 | -1. 614532 | 平稳 |
| ln*UCPI* | 3. 350658 | -2. 586960 | -1. 943882 | -1. 614731 | 不平稳 |
| D（ln*UCPI*） | -6. 267994 | -2. 586753 | -1. 943853 | -1. 614749 | 平稳 |

注：检验形式中，D(ln*M*)、D(ln*NEER*)、D(ln*Y*)、D(ln*CCPI*)、D(ln*UCPI*)分别表示括号中变量的一阶差分；D(ln*Y*，2)表示 ln*Y* 的二阶差分。

## 2. 2　Granger 因果检验

自变量和因变量之间是不是具有因果关系，构建的模型是不是合理，需要进行格兰杰（Granger）因果关系检验。需要指出的是，如果各时间序列变量不具有平稳性，可能会引起虚假回归[6]。由前面的分析可知各个时间序列变量具有平稳性，因此，可以进行 Granger 因果关系检验（见表 3）。

**表 3　Granger 因果关系检验结果**

| 原假设 | F 统计量 | 概率 | 滞后期 | 结论 |
|---|---|---|---|---|
| ln*NEER* 不是 ln*M* 的格兰杰原因 | 10. 35520 | 8. E-05 | 2 | 拒绝 |
| ln*M* 不是 ln*NEER* 的格兰杰原因 | 1. 47699 | 0. 2332 | 2 | 接受 |
| ln*Y* 不是 ln*M* 的格兰杰原因 | 31. 78510 | 2. E-11 | 2 | 拒绝 |
| ln*M* 不是 ln*Y* 的格兰杰原因 | 7. 77599 | 0. 0007 | 2 | 拒绝 |
| ln*CCPI* 不是 ln*M* 的格兰杰原因 | 4. 16133 | 0. 0183 | 2 | 拒绝 |
| ln*M* 不是 ln*CCPI* 的格兰杰原因 | 3. 28178 | 0. 0416 | 2 | 拒绝 |
| ln*UCPI* 不是 ln*M* 的格兰杰原因 | 17. 30560 | 3. E-07 | 2 | 拒绝 |
| ln*M* 不是 ln*UCPI* 的格兰杰原因 | 2. 47453 | 0. 0892 | 2 | 拒绝 |

注：检验以 5% 的显著性水平为标准。

由 Granger 因果关系检验结果分析可知，ln*NEER*、ln*Y*、ln*CCPI*、ln*UCPI* 是 ln*M* 变化的原因，就本研究的样本区间来讲，将人民币名义有效汇率、我国国民收入、我国居民消费者平均物价指数、美国居民消费者平均物价指数作为自变量，我国大豆进口量作为因变量是合适的，从而说明前面模型的构建是合理的。

2.3 OLS 回归分析

将 ln*M* 作为因变量，ln*NEER*、ln*Y*、ln*CCPI*、ln*UCPI* 作为自变量，采用 OLS 估计回归模型，模型回归结果见表4。

**表4 模型回归结果**

| 变量 | 系数 | T统计值 | P值 |
|---|---|---|---|
| C | -0.720420 | -0.121769 | 0.90330 |
| ln*NEER* | 1.481599 | 1.934777 | 0.05570 |
| ln*Y* | 1.024162 | 5.624715 | 0.00000 |
| ln*CCPI* | 1.056305 | 0.793532 | 0.42930 |
| ln*UCPI* | -2.289829 | -1.410077 | 0.16150 |
| $R^2$ | 0.731100 | F-统计 | 70.69033 |
| 调整后的 $R^2$ | 0.720758 | 概率（F-统计） | 0.00000 |
| DW | 1.405710 | — | — |

从模型回归结果看，拟合优度值为 0.731100，调整后的拟合优度值为 0.720758，说明人民币升值、国民收入、国内和国际市场价格水平能解释大豆进口量变动70%左右的原因。DW 值为 1.405710，表示有可能存在序列相关。为了剔除季节性因素的影响和序列相关问题，本研究采用 ARMA 模型进行调整，加入 AR（6）和 MA（24）进行回归（见表5）。

表 5　模型调整后的回归结果

| 变量 | 系数 | T 统计值 | P 值 |
|---|---|---|---|
| C | -0.808839 | -0.118308 | 0.90610 |
| ln*NEER* | 1.984051 | 3.233665 | 0.00170 |
| ln*Y* | 1.220863 | 6.189436 | 0.00000 |
| ln*CCPI* | 2.208791 | 1.787361 | 0.07700 |
| ln*UCPI* | -4.042191 | -2.713908 | 0.00790 |
| AR（6） | 0.300476 | 3.076610 | 0.00270 |
| MA（24） | 0.901267 | 51.725970 | 0.00000 |
| $R^2$ | 0.848651 | F-统计 | 89.71584 |
| 调整后的 $R^2$ | 0.839192 | 概率（F-统计） | 0.00000 |
| DW | 1.627475 | — | — |

调整后的拟合优度达到了 84%，较调整前有所提高，拟合优度比较理想。DW 值达到 1.627475，显示不存在明显序列相关的现象，另外模型也通过了 F 检验，表明模型在 10% 的显著性水平上联合显著。但模型回归结果还不是最理想的，这可能是由于影响大豆进口量变动的因素较多，本研究仅引入了 4 个变量，此外还有一些因素如政策、季节等也会影响我国大豆进口量的变动。

## 3　结论与建议

### 3.1　结论

本研究选取 2005 年 8 月至 2014 年 8 月的月度数据为样本区间，通过构建 C-D 函数形式的计量模型，实证分析人民币升值对我国大豆进口的影响，并得出以下四个结论：

第一，实证结果证实了推论 1，即人民币升值可能会有利于我国大豆进口量增加。从表 5 可以看出，我国大豆进口量对人民币升值的弹性为 1.984051 >0，表明人民币每升值 1%，我国大豆进口量就将会增加 1.984051%。

第二，实证结果验证了推论 2，即我国国民收入的增加可能会推动我国大豆进口量增加。因为我国大豆进口量对我国国民收入的弹性为 1.220863 >0，表明当我国国民收入增加1%时，我国大豆的进口量将会增加1.220863%。

第三，实证结果验证了推论3，即我国国内物价水平的提高可能会带动我国大豆进口量增加。由调整后的回归结果可知，我国大豆进口量对国内物价水平的弹性为2.208791 >0，表明国内物价水平每上升1%，我国大豆进口量将会增加2.208791%。

第四，实证结果验证了推论4，即国际市场价格水平的提高可能会使我国大豆进口量降低。我国大豆进口量对国际市场价格水平的弹性为 -4.042191 <0，表明国际市场价格水平每上升1%，我国大豆进口量就会减少4.042191%。

### 3.2 建议

#### 3.2.1 国家角度

中国应继续保持逐步、稳健的汇率政策；合理利用期货交易，分散汇率波动风险，减少汇率波动对我国大豆进口价格的影响；不断加大大豆进口来源，实现进口多元化；完善我国大豆的储备框架以应对大豆进口对我国农业发展的冲击，进而保障我国的粮食安全；在进行国际市场调研的基础上，深入研究国际市场的动态情况，构建大豆进口的预警机制，从而保障大豆供应信息的及时性和有效性。

#### 3.2.2 企业角度

在人民币升值的大背景下，企业应不断增强其技术水平，合理利用大豆等原材料，提高资源利用率，扩大市场竞争力。

#### 3.2.3 农户角度

农户应合理种植大豆，不断提高大豆的单位种植面积产量，进而提高农户的市场竞争力，在人民币升值的背景下增加农户的收入[7]。

## 参考文献

[1] 张家胜，祁春节．人民币实质有效汇率、消费与我国农产品进口——以2005年7月至2008年6月数据为例［J］．改革与战略，2009（9）：61 -64.

[2] 孔凡玲，李彦民．人民币汇率变动对中国小麦进口贸易的影响研究

[J]．中国农学通报，2013（8）：105－112.

［3］张家胜．人民币升值的农产品进口效应研究［D］．华中农业大学，2009.

［4］孙梦瑶，刘钟钦，聂凤英．人民币汇率波动对中国玉米进口的影响［J］．农业展望，2014（6）：58－63.

［5］张晓峒．EViews 使用指南与案例［M］．北京：机械工业出版社，2008：114－123.

［6］石岩．人民币实际有效汇率的测算及其影响研究［D］．中国海洋大学，2009.

［7］孔祥智，蒋忱忱．人民币汇率变动对我国大豆国际贸易的影响［J］．新疆农垦经济，2008（11）：14－21.

（本文发表于《农业贸易展望》2015 年第 5 期）

# 参考文献


[1] Alba, Joseph D. & David Papell. Exchange Rate Determination and Inflation in Southeast Asian Countries [J] . Journal of Development Economics, 1998 (55): 421 -437.

[2] Anaya, José Antonio Gonzάlez. z Exchange Rate Pass - Through and Partial Dollarization: Is there a Link [R] . CREDPR Working Paper, 2000 (81) .

[3] Bergin Paul R. & Robert C. Feenstra. Pass - Through of Exchange Rates and Competition Between Floaters and Fixers [J] . Journal of International Economics, Forthcoming, 2008.

[4] Bergin, R. C. Feenstra. Pricing - to - Market, Staggered Contracts, and Real Exchange Rate Persistence [J] . Journal of International Economics, 2001 (54): 333 -359.

[5] Bernhofen, Daniel M. & Peng Xu. Exchange Rates and Market Power: Evidence from the Petrochemical Industry [J] . Journal of International Economics, 2000 (52): 283 -297.

[6] Betts, M. B. Devereux. Exchange Rate Dynamics in a Model of Pricing - to - Market [J] . Journal of International Economics, 2000 (50): 215 -244.

[7] Campa J. & Goldberg L. S. and Mínguez J. M. G. Exchange Rate Pass - Through to Import Prices in the Euro Area [J] . Federal Reserve Bank of New York Staff Report, 2005 (219) .

[8] Campa J. & L. Goldberg. Exchange Rate Pass - Through into Import Prices:

A Macro or Micro Phenomenon? [R] . NBER Working Paper, 2002 (5) .

[9] Campa J. & Goldberg L. S. Exchange Rate Pass – Through into Import Prices [J] . The Review of Economics and Statistics, November 2005, 87 (4): 679 –690.

[10] Campa J. & Goldberg L. S. The Evolving External Orientation of Manufacturing: Evidence from Four Countries [J] . Economic Policy Review (Federal Reaerve Bank of New York), 1997: 53 –81.

[11] Choudhri E. U. & Hakura D. Exchange Rate Pass – Through to Domestic Prices: Does the Inflationary Environment Matter [R] . IMF Working Paper, 2001 (1) .

[12] Choudhri E. U. , Hamid Faruqee, & Dalia S. Hakura. Explaining the Exchange Rate Pass – Through in Different Prices [R] . IMF Working Paper, 2002(2).

[13] Clark, Terry, Masaaki Kotabe & Dan Rajaratnam. Exchange Rate Pass – Through and International Pricing Strategy: A Conceptual Framework and Research Propositions [J] . Journal of International Business Studies, 1999, 30 (2) .

[14] Corsetti, L. Dedola. Macroeconomics of International Price Discrimination [M] . University of Rome Ⅲ, Manuscript, 2001.

[15] Cunningham A. & A. Haldane. The Monetary Transmission Mechanism in the United Kingdom: Pass – Through and Policy Rules [M] . In Monetary Policy: Rules and Transmission Mechanisms, edited by N. Loayza and K. Schmidt – Hebbel. Santiago, Chile: Banco Centralde Chile, 1999.

[16] Devereux, C. Engel & C. Tille. Exchange Rate Pass – Through and the Welfare Effects of the Euro [R] . NBER Working Paper, 1999.

[17] Devereux, Michael, & Charles Engel. Exchange Rate Pass – Through, Exchange Rate Volatility, and Exchange Rate Disconnect [J] . Journal of Monetary Economics, 2002 (49): 913 –940.

[18] Dixit, Avinash. Hysteresis, Import Penetration, and Exchange Rate Pass – Through [ J ] . Quarterly Journal of Economics, 1989, 104 (2) .

[19] Dixit A. K. & Stiglitz J. E. Monopolistic Competition and Optimum Product Diversity [J]. American Economic Review, 1977 (67): 297-308.

[20] Dornbusch R. & P. Krugman. Flexible Exchange Rates in the Short Run [J]. Brookings Papers on Economic Activity, 1976 (3): 537-584.

[21] Dornbusch R. Exchange Rates and Prices [J]. American Economic Review, 1987 (77): 93-106.

[22] Engel C. Expenditure Switching and Exchange Rate Policy [R]. NBER Working Paper, 2002.

[23] Engel C. Real Exchange Rates and Relative Prices: An Empirical Investigation [J]. Journal of Monetary Economics, 1993 (32): 35-50.

[24] Engel C. On the Relationship Between Pass-Through and Sticky Nominal Prices [R]. Hong Kong Institute for Monetary Research Working Paper, 2004.

[25] Engel, Charles. Equivalence Results for Optimal Pass-Through, Optimal Indexing to Exchange Rates, and Optimal Choice of Currency for Export Pricing [R]. NBER Working Paper No. 11209, 2005.

[26] Faruqee, Hamid. Exchange Rate Pass-Through in the Euro Area: The Role of Asymmetric Pricing Behavior [R]. IMF Working Paper, 2004.

[27] Feenstra R. Symmetric Pass-Through of Tariffs and Exchange Rates Under Imperfect Competition [J]. Journal of International Economics, 1989 (27): 25-45.

[28] Feinberg R. M. The Effects of Foreign Exchange Movements on U. S. Domestic Prices [J]. Review of Economics and Statistics, 1989 (71).

[29] Feinberg R. M. The Interaction of Foreign Exchange and Market Power Effects on German Domestic Prices [J]. Journal of Industrial Economics, 1986, 35 (1).

[30] Froot K. A. & Klemperer P. D. Exchange Rate Pass-Through When Market Share Matters [J]. American Economic Review, 1989, 79 (4): 637-654.

[31] Ghosh, Amit and Ramkishen Rajan. Exchange Rate Pass – Through in Asia: What Does the Literature Tell Us? [J]. Asia – Pacific Economic Association (APEA) Second International Conference Paper, 2006.

[32] Ghosh, Atish R. and Holger C. Wolf. Pricing in International Markets: Lessons from the Economist [R]. NBER Working Paper, 1994.

[33] Goldberg P. K. & Knetter, Michael M. Goods Prices and Exchange Rates: What Have We Learned [J]. Journal of Economic Literature, September, 1997.

[34] Goldberg P. K. Product Differentiation and Oligopoly in International Markets: The Case of the U. S. [J]. Automobile Industry Econometrica, 1995, 63 (4): 891 –951.

[35] Goldberg L. S. & Tille C. Vehicle Currency Use in International Trade [R]. NBER Working Paper, 2005.

[36] Hooper, Peter. & Mann, Catherine. Exchange Rates Pass – Through in the 1980s: The case of U. S. Imports of Manufactures [J]. Brooking Papers on Economic Activity, 1989 (1): 297 –337.

[37] Ito, T. Sasaki, Y. & Sato K. Pass – Through of Exchange Rate Changes and Macroeconomic Shocks to Domestic Inflation in East Asian Countries [D]. Research Institute of Economy, Trade and Industry (RIETI) Discussion Paper Series 05 – E –020, 2005.

[38] Klein, Saul and Victor J. Roth. Determinants of Export Channel Structure: The Effects of Experience and Psychic Distance Reconsidered [J]. International Marketing Review, 1990, 7 (5).

[39] Knetter M. Price Discrimination by U. S. and German Exporters [J]. The American Economic Review, 1989, 79 (1).

[40] Knetter, Michael M. International Comparisons of Pricing – to – Market Behavior [J]. The American Economic Review, 1993, 83 (3): 473 –486.

[41] Knetter, Michael M. Is Export Price Adjustment Asymmetric? [A]. Eval-

uating the Market Share and Marketing Bottlenecks Hypothesis [J] . Journal of International Money and Finance, 1994 (13): 55 –70.

[42] Kreinin, Mordechai E. The Effect of Exchange Rate Changes on the Prices and Volume of Foreign Trade [J] . International Monetary Fund Staff Papers, July 1977 (242): 297 –329.

[43] Krugman, Paul. Pricing to Market When the Exchange Rate Changes[R]. NBER Working Paper, 1986 (5) .

[44] Kuo –liang Wang and Chung –Shu Wu. Exchange Rate Pass –Through and Industry Characteristics: The Case of Taiwan's Petrochemical Products [J] . NBER Working Paper, 1996.

[45] Leigh, Daniel and Rossi, Marco. Leading Indicators of Growth and Inflation in Turkey [R] . IMF Working Paper No. 02/231, 2002.

[46] Lian An. Exchange Rate Pass –Through: Evidence Based on Vector Autoregression with Sign Restrictions [J] . MPRA Paper No. 527, 2006.

[47] Marston, Richard C. Pricing to Market in Japanese Manufacturing [J] . Journal of International Economics, 1990, 29 (3/4) .

[48] McCarthy J. Pass –Through of Exchange Rates and Import Prices to Domestic Inflation in Some Industrialized Economies [R] . Federal Reserve Bank of New York Staff Report, 2000.

[49] Menon, Jayant. Exchange Rate Pass –Through [J] . Journal of Economic Surveys, 1995, 9 (2) .

[50] Menon, Jayant. The Degree and Determinants of Exchange Rate Pass –Through: Market Structure, Non –Tariff Barriers and Multinational Corporations [J]. The Journal of the Royal Economic Society, 1996, 106 (435) .

[51] Obstfeld M. & K. Rogoff. Exchange Rate Dynamics Redux [J] . Journal of Political Economy, 1995 (103): 624 –660.

[52] Obstfeld M. & K. Rogoff. The Six Major Puzzles in International Macroeco-

nomics: Is there a Common Cause? ［J］. NBER Macroeconomics Annual, 2000: 339 - 390.

［53］ Obstfeld, Maurice. Exchange Rates and Adjustment: Perspectives from the New Open Economy Macroeconomics ［R］. CIDER Working Paper, 2002 (6).

［54］ Olivei, Giovanni P. Exchange Rates and the Prices of Manufacturing Products Imported into the United States, New England Economic Review ［J］. First Quarter, 2002: 3 - 18.

［55］ Pollard P. S. & Coughlin C. C. Pass - Through Estimates and the Choice of an Exchange Rate Index ［R］. Federal Reserve Bank of Saint Louis Working Paper, 2003.

［56］ Pollard P. S. & Coughlin C. C. Size Matters: Asymmetric Exchange Rate Pass - Through at the Industry Level ［R］. Federal Reserve Bank of Saint Louis Working Paper, 2003.

［57］ Stanley, Kardazs W., and Kenneth R. Stollery. Exchange Rate Pass - Through and its Determinants in Canadian Manufacturing Industries ［J］. Canadian Journal of Economics, 2001, 34 (3): 719 - 738.

［58］ Taylor J. Low Inflation, Pass - Through, and Pricing Power of Firms ［J］. European Economic Review, 2000, 44 (7).

［59］ Yang, Jiawen. Exchange Rate Pass - Through in U. S. Manufacturing Industries ［J］. Review of Economics and Statistics, 1997, 79 (1): 95 - 104.

［60］ 奥利维尔·琼·布兰查德，斯坦利·费希尔．宏观经济学（高级教程）［M］．北京：经济科学出版社，1998.

［61］ 白钦先，赫国胜，张荔主编．中国金融发展理论前沿［M］．北京：中国金融出版社，2007.

［62］ 保罗·克鲁格曼，茅瑞斯·奥伯斯法尔德．国际经济学（第五版）［M］．北京：中国人民大学出版社，2002.

［63］ 彼得·纽曼，默里·米尔盖特，约翰·伊特韦尔编．新帕尔格雷夫货

币金融大辞典［M］．北京：经济科学出版社，2000.

［64］毕玉江，朱钟棣．人民币汇率变动的价格传递效应——基于协整与误差修正模型的实证研究［J］．财经研究，2006（7）：53－62.

［65］毕玉江，朱钟棣．人民币汇率变动与出口价格：一个分析框架与实证检验［J］．世界经济研究，2007（1）：35－42.

［66］毕玉江．国际定价、营销策略与汇率传递：一个分析框架［J］．上海立信会计学院学报，2007（2）：70－74.

［67］卜永祥．人民币汇率变动对国内物价水平的影响［J］．金融研究，2001（3）：32－45.

［68］陈六傅，刘厚俊．人民币汇率的价格传递效应研究——基于VAR模型的实证分析［J］．金融研究，2007（4）：1－12.

［69］陈龙江．人民币汇率变动的农产品出口效应实证研究［M］．杭州：浙江大学出版社，2008.

［70］陈学彬等．中国出口汇率传递率和盯市能力的实证研究［J］．经济研究，2007（12）：42－54.

［71］陈雨露，侯杰．新开放经济宏观经济学：研究文献综述［J］．南开经济研究，2006（2）：3－16.

［72］程惠芳．国际收支调节理论与政策的演变［J］．经济学动态，1996（8）：49－53.

［73］崔晋华．开放经济条件下我国货币政策与汇率政策的协调［D］．华东师范大学硕士学位论文，2008.

［74］戴维·罗默．高级宏观经济学［M］．上海：上海财经大学出版社，2003.

［75］董登新．建国以来人民币汇率安排的演变历程与现状分析［J］．经济学家，2005（7）：22－26.

［76］封北麟．汇率传递效应与宏观冲击对通货膨胀的影响分析［J］．世界经济研究，2006（12）：34－43.

［77］复旦大学金融研究课题组．人民币汇率变动对中国国际收支影响的实证分析［A］．袁志刚．上海论坛2007大会演讲和论文选编［C］．上海：上海人民出版社，2008.

［78］傅熊广．人民币汇率对消费者价格的传递弹性［J］．经济科学，2008（4）：52－62.

［79］高铁梅主编．计量经济分析方法与建模：EViews应用及实例［M］．北京：清华大学出版社，2006.

［80］郭克莎．加快经济增长方式转变［N］．中国经济时报，2007－04－21.

［81］哈尔·瓦里安．微观经济学（高级教程，第三版）［M］．北京：经济科学出版社，1997.

［82］韩胜飞，戴金平．国际商品市场中"一价定律"的验证：共同概率模型和动态贸易变量［J］．南开经济研究，2006（2）：18－32.

［83］韩嫄．人民币升值对宏观经济的冲击效应分析［J］．中央财经大学学报，2007（7）：32－44.

［84］何新华，吴海英，刘仕国．人民币汇率调整对中国宏观经济的影响［J］．世界经济，2003（11）：13－20.

［85］何志成．莫错过人民币改革机遇期［J］．南风窗，2009（1）：63－65.

［86］胡均民．人民币汇率变动与中国外贸结构升级［D］．湖南大学博士学位论文，2006.

［87］黄达主编．金融学［M］．北京：中国人民大学出版社，2003.

［88］姜波克，许少强，李天栋．经济增长中均衡汇率的实现及作用［J］．国际金融研究，2004（12）：51－57.

［89］姜波克主编．国际金融学［M］．北京：高等教育出版社，1999.

［90］鞠荣华，李小云．中国农产品出口价格汇率传递效应研究［J］．中国农村观察，2006（2）：17－23.

［91］李计广，张汉林，桑百川．改革开放三十年中国对外贸易发展战略回顾与展望［J］．世界经济研究，2007（4）：1－12.

［92］李廉水，杜占元主编．中国制造业发展研究报告（2004）［M］．北京：科学出版社，2004.

［93］李世新．人民币升值对我国对外贸易的影响及应对策略——兼议人民币升值背景下贸易顺差大幅上升之谜［J］．华北金融，2007（3）：39－44.

［94］李伟平．不完全汇率传递研究综述［J］．经济评论，2009（1）：140－145.

［95］李亚芬．日元升值对经济影响的综合分析［J］．国际金融研究，2008（11）：44－49.

［96］李雁．外资企业利用加工贸易转移资本现象应引起警惕［J］．济南金融，2007（8）：75－76.

［97］理查德·E. 凯弗斯，杰弗里·A. 法兰克尔，罗纳德·W. 琼斯．世界贸易与国际收支（第九版）［M］．北京：中国人民大学出版社，2005.

［98］林毅夫，蔡昉，李周．中国的奇迹：发展战略与经济改革（增订版）［M］．上海：格致出版社，上海三联书店，上海人民出版社，1999.

［99］刘亚，李伟平，杨宇俊．人民币汇率变动对我国通货膨胀的影响：汇率传递视角的研究［J］．金融研究，2008（3）：28－41.

［100］吕剑．人民币汇率变动对国内物价传递效应的实证分析［J］．国际金融研究，2007（8）：39－47.

［101］罗伯特·蒙代尔．金融体系中中国的地位和作用［J］．国际金融研究，2004（7）：4－6.

［102］罗纳德·麦金农．论中国的汇率政策和人民币可兑换［J］．国际金融研究，2004（7）：7－9.

［103］罗忠洲．汇率波动的经济效应研究［D］．华东师范大学博士学位论文，2005.

［104］马光明，仲鑫．我国高比例加工贸易引发的思考［J］．对外经济贸

易大学学报，2007（9）：53－59.

［105］马红霞，张朋．人民币汇率对中欧出口价格的传递效应［J］．世界经济研究，2008（7）：33－37.

［106］马君潞，吕剑．人民币汇率制度与金融危机发生的概率——基于Probit和Logit模型的实证分析［J］．国际金融研究，2007（3）：10－14.

［107］马宇．汇率变动对进出口价格的影响：汇率传递研究综述［J］．浙江金融，2007（10）：13－14.

［108］马宇．人民币汇率对出口价格传递率的实证分析：以家电行业出口为例［J］．经济科学，2007（1）：44－52.

［109］梅玲，鲜于波．贸易模式、汇率传递与人民币汇率安排［J］．国际经贸探索，2008（10）：66－68.

［110］倪卫红，董敏．汇率变动的不完全传递及其现实意义［J］．南京建筑工程学院学报，2002（3）：13－18.

［111］欧文·拉蒙德，理查德·泰勒．异常现象：金融市场中的一价定律［J］．罗霞译．经济资料译丛，2005（2）：1－8.

［112］彭斯达，陈继勇，杨余．中国对外贸易商品结构和方式与经济增长的相关性比较［J］．国际贸易问题，2008（6）：8－14.

［113］平新乔．微观经济学十八讲［M］．北京：北京大学出版社，2001.

［114］曲昭光，吴东立，范继川．人民币汇率传递效应：以中国制造业为例［R］．上海论坛，2008.

［115］曲昭光．开放经济宏观经济政策导论［M］．北京：经济科学出版社，2002.

［116］孙赫，宁冬莉．汇率传递弹性对我国贸易发展的启示［J］．商业时代，2008（1）：34－35.

［117］孙宇晖．从汇率形成机制变革中分析人民币升值的长期效应［J］．当代经济研究，2008（11）：45－48.

［118］唐国兴，徐剑刚．现代汇率理论及模型研究［M］．北京：中国金融

出版社，2003.

［119］特伦斯·C. 米尔斯．金融时间序列的经济计量学模型（第二版）［M］．北京：经济科学出版社，2002.

［120］王根蓓．汇率调整、定价模式与出口加工企业盈利能力：汇率调整微观效应的弹性分析［J］．世界经济，2008（7）：15－25.

［121］王广谦主编．中国经济改革30年：金融改革卷［M］．重庆：重庆大学出版社，2008.

［122］王利平．人民币升值背景下浙江中心民营企业出口竞争力调查［J］．浙江金融，2008（11）：7－14.

［123］王琼，曹伟．汇率变动对我国进口产品价格的传递弹性——基于细分商品层面的分析［J］．世界经济研究，2008（7）：27－31.

［124］王胜，邹恒甫．“新开放经济宏观经济学”发展综述［J］．金融研究，2006（1）：178－185.

［125］王胜．新开放经济宏观经济学理论和研究［D］．武汉大学博士学位论文，2005.

［126］王泽填，姚洋．人民币均衡汇率的估计［Z］．北京大学中国经济研究中心讨论稿系列，No. C2008006，2008.

［127］王珍，齐艳霞，王慧钦．加工贸易增长模式与“贫困化增长”［J］．生产力研究，2007（15）：11－13.

［128］吴睿．经济增长方式转变的新思考［D］．首都师范大学硕士学位论文，2008.

［129］向东．汇率变动的支出转换效应——新开放经济宏观经济学的观点综述［J］．国际金融研究，2004（1）：50－55.

［130］肖蔚．人民币升值对外向型经济的影响及应对［N］．金融时报，2008－03－03.

［131］徐少强，马丹，宋兆晗．人民币实际汇率研究［M］．上海：复旦大学出版社，2006.

[132] 亚当·斯密. 国民财富的性质和原因的研究 [M]. 北京：商务印书馆，1974.

[133] 易丹辉. 数据分析与 EViews 应用 [M]. 北京：中国统计出版社，2002.

[134] 尹浩华，陈继勇. 从我国外部经济失衡看加工贸易发展战略的调整 [J]. 对外经济贸易大学学报，2008 (3)：48 – 51.

[135] 尹应凯. 购买力平价、人民币升值之谜与 “双效应—三阶段曲线” 假说 [J]. 国际金融研究，2008 (11)：63 – 67.

[136] 于香. 我国对外贸易与经济增长关系的实证分析 [D]. 东北财经大学硕士学位论文，2007.

[137] 余淼杰. 人民币升值有利于降低贸易顺差吗？——基于引力模型的理论与实证研究 [Z]. 北京大学中国经济研究中心讨论稿系列，No. C2009002，2009.

[138] 余淼杰. 中国对外贸易三十年 (1978 ~ 2008) [Z]. 北京大学中国经济研究中心讨论稿系列，No. C2008007，2008.

[139] 喻卫斌，苏国强. 人民币升值对广东价格贸易影响的实证研究 [J]. 南方金融，2006 (1)：27 – 29.

[140] 约瑟夫·E. 斯蒂格利茨，安德鲁·查尔顿. 国际间的权衡交易：贸易如何促进发展 [M]. 北京：中国人民大学出版社，2008.

[141] 约瑟夫·E. 斯蒂格利茨，卡尔·E. 沃尔什. 经济学（第三版）[M]. 北京：中国人民大学出版社，2005.

[142] 岳健勇. 走出 “无技术工业化” 的陷阱 [J]. 南风窗，2009 (1)：49 – 51.

[143] 张春生，吴超林. 货币贬值对贸易收支影响的理论研究综述——新开放经济宏观经济学观点 [J]. 经济评论，2007 (6)：152 – 157.

[144] 张辉. 汇率制度与国际贸易政策互动研究 [M]. 北京：中国金融出版社，2008.

［145］张进贵．人民币升值效应分析［J］．当代经济，2008（12）：6－7.

［146］张晓峒．EViews 使用指南与案例［M］．北京：机械工业出版社，2008.

［147］张晓朴．购买力平价思想的最新演变及其在人民币汇率中的适用［J］．世界经济国，2000（9）：10－18.

［148］张自如．国际产业转移与中国对外贸易结构［M］．北京：中国财政经济出版社，2008.

［149］赵大平．固定汇率制下的沉淀成本模型［J］．世界经济研究，2004（9）：71－74.

［150］赵大平．人民币汇率传递对中国贸易收支的影响［M］．上海：上海世纪出版集团，2007.

［151］郑平，刘英．不完全汇率传递研究［J］．华东经济管理，2005（5）：132－135.

［152］郑平．货币增长中的汇率传递问题［D］．西南财经大学博士学位论文，2006.

［153］对外贸易经济合作部编．中国对外经济贸易年鉴［M］．北京：中国展望出版社，2004～2008.

［154］海关总署编．中国对外贸易指数［M］．北京：海关总署出版社，2005～2008.

［155］中国国家统计局．改革开放 30 年经济社会发展系列报告［EB/OL］. http：//www. stats. gov. cn/tjfx/ztfx/jnggkf30n/.

［156］中国人民银行．中国人民银行货币政策执行报告［R］.2005～2008年各期.

［157］国家统计局编．中国统计年鉴［M］．北京：中国统计出版社，2004～2008.

［158］中央财经大学中国银行业研究中心课题组．人民币升值对出口企业影响调研报告［N］．证券日报，2008－06－12.

[159] 钟伟. 对中国国际收支持续“双顺差”的利弊分析 [J]. 经济研究参考，2003 (7): 22-27.

[160] 周业樑. 浙江纺织服装业应对人民币升值影响的调查报告 [J]. 国际经济评论，2008 (1-2): 42-47.

[161] 朱志强，杨红员. 人民币升值背景下出口企业生产经营情况调查 [J]. 中国金融，2008 (22): 74-75.

[162] 邹欣. 中国的国际收支结构 [M]. 北京：中国金融出版社，2006.